面向未来的研学

向的学

MIANXIANG
WEILAI DE
YANXUE

广东省博物馆协会 编

以广东文博资源研学为例

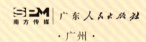

广东人民出版社

·广州·

图书在版编目（CIP）数据

面向未来的研学：以广东文博资源研学为例 / 广东
省博物馆协会编. -- 广州：广东人民出版社，2024.
12. -- ISBN 978-7-218-18255-1

Ⅰ. G632.429

中国国家版本馆 CIP 数据核字第 2024TM0847 号

MIANXIANG WEILAI DE YANXUE：YI GUANGDONG WENBO ZIYUAN YANXUE WEI LI

面 向 未 来 的 研 学：以 广 东 文 博 资 源 研 学 为 例

广东省博物馆协会　编

出 版 人：肖风华

策划编辑：夏素玲
责任编辑：谢　尚　张译天
责任技编：吴彦斌

出版发行：广东人民出版社
地　　址：广州市越秀区大沙头四马路 10 号（邮政编码：510199）
电　　话：（020）85716809（总编室）
传　　真：（020）83289585
网　　址：http://www.gdpph.com
印　　刷：广州市豪威彩色印务有限公司
开　　本：787 毫米 × 1092 毫米　1/16
印　　张：14.75　　字　　数：252 千
版　　次：2024 年 12 月第 1 版
印　　次：2024 年 12 月第 1 次印刷
定　　价：88.00 元

如发现印装质量问题，影响阅读，请与出版社（020-85716849）联系调换。
售书热线：（020）87716172

　　"一座博物馆就是一所大学校"的观念正在成为越来越多亲子家庭的共识，在博物馆成为旅游热点的同时，博物馆研学的规模也在不断扩大。然而，"研学热"面临着两个问题：一是博物馆自身如何挖掘博物馆研学潜力、规划教育项目设计和评估研学效果、培养提升博物馆专业人员的博物馆学和教育学素养；二是面对市场上各类研学机构和个人良莠不齐、假期"天价研学团"频现、研学形式走马观花、内容空洞无物等现象，如何规范管理、有序渐进、让博物馆研学能够永续发展，对于一线工作者无疑是巨大的挑战。

　　2008年广东省作为教育改革的先锋省份，率先将"研学旅行"写入中小学教学大纲并作为其必修课。2016年教育部等十一部门联合印发《关于推进中小学生研学旅行的意见》就研学旅行的重要意义、工作目标、基本原则、主要任务、组织保障进行了系统论述。2017年广东省博物馆推出了"驿路同游——南粤古驿道研学"实践课程，让家长和孩子们以参与和体验互动的方式行走岭南、博览风物，提升公众

对广东自然人文的认知度和自豪感。2024年为了迎接暑假"研学季"的到来，广东省文化和旅游厅主办的"请到广东过暑假——2024粤博假期·夏日知旅"系列活动如期举办，全省博物馆暑期927场展览、博物馆延时开放和204项研学活动打造广东文旅"新赛道"，吸引了更多游客来广东体验"寓学于乐、求知于行"的研学之旅。

历经两年多的筹备，广东省博物馆协会编撰完成这本《面向未来的研学——以广东文博资源研学为例》。本书针对博物馆研学市场需求旺盛的现状，对"什么是博物馆研学""如何围绕学习者设计课程"和"行程中棘手的管理手段"等诸多问题进行探讨，通过新型教育范式探索分成"思""研""叙"和"行"四部分，从研学基本概念和博物馆教育理念的探讨，再到如何运用广东文博资源创造研学主题和研学活动环境，最后总结有效的研学实践和评估方法，将理论与实践在案例中完美结合，强调在地性和可操作性，是一本关于博物馆研学如何开发、运用、协作和提升的工具书。

当前教育观念正在发生质的转变，"上学""考试""作业"等话语隐喻之于学生的成长意义受到挑战，社会对创新型、实践型和合作型人才的迫切需要不可避免地影响人们对教育的理解和期待。我们相信博物馆研学将以家长和学生都更加喜闻乐见的方式，把藏品的故事、历史的思考以及文化的价值向大众科普；我们希望在教育本身也在经历着结构性变革的时候，广东文博研学能以开放、多元和时代感成为核心特征，助力参与者身心健康成长，最终实现惠及教育、提高可及性、降低门槛，从而推动实现教育公平和社会公平的美好愿景。

颜永树

2024年10月

目录

【本章作者】周婧景　王　芳　郭川慧

博物馆"研学旅行"定义及其理解　　　　　　·002

面向未来的教育：博物馆教育的理念与实践探讨　　·014

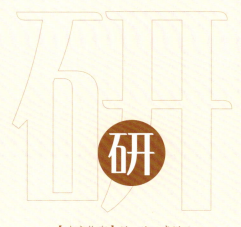

【本章作者】刘　洁　卢悦云

让课程与研学现场绝配：确定高质量研学主题　　·030

捕捉"决定性瞬间"，达成研学目标　　　　　·043

走出误区：基于教学目标的文博类研学活动设计　·053

在"故事"中重塑：文博沉浸式研学设计要素　　·067

玩转主题式研学，实现人文与科学的有机融合　　·085

【本章作者】卢悦云　刘　洁

研学预备时：搜集与用好文博资源　　　　　　　· 096

研学中的"以学生为中心"：论研学内容设计的多样化　· 114

为博物馆展览加持：论学习单的设计　　　　　　· 124

好看还是好用：研学教案撰写的思路与方法　　　· 138

融合星球的约定：面向特殊需要孩子的教学设计　· 153

【本章作者】刘　洁　卢悦云

从体验到成长：让研学促进青少年的"社会化"　· 166

从广东省文博研学资源调研浅析馆校合作路径　　· 174

研学方程式：论研学团队管理的机制　　　　　　· 193

为研学注入活力：谈研学导师的成长　　　　　　· 203

拒绝形式主义：研学效果评估方法的探讨　　　　· 214

后　记　　　　　　　　　　　　　　　　　· 226

博物馆是培养国民素养的好地方，

博物馆学习是一种变革性的、情感性的体验，

在此过程中，观众在一种非正式的、自愿的环境中，

培育新的态度、兴趣、鉴赏、信仰和价值观。

【本章作者】周婧景　王　芳　郭川慧

博物馆"研学旅行"定义及其理解

　　自古以来，"行"与"学"的重要关系一直备受瞩目，由此引发中国一批有识之士对"行"的实施意义的深入思考。荀子认为"学至于行而止矣"[1]，是学习的终极目标，将"行"的地位提升得颇高。陆游的看法与荀子如出一辙。他指出"纸上得来终觉浅，绝知此事要躬行"[2]。随着近代教育的兴起，陶行知在晓庄试验乡村师范学校的演讲中表示"行是知之始，知是行之成"。他认为"人类和个人的知识的妈妈都是行动。行动产生理论，发展理论"[3]。然而，目前从"行"中得来的知识几乎被拒之门外，因为它从某种程度上代表了学校教育的对立面——"校外教育"。尔后，这种对"行"（即行动或实践）的实施意义的叩问，逐步被精细化到"校外教育"中的"旅行"，甚至是"博物馆旅行"。由此，激起相关人士对其意义的广泛关注和讨论。如弗朗西斯·培根将这种"行"聚焦至"游"，在《培根随笔》伊始便论及"对于年轻人来说，旅游也是一种教育"[4]。日本明治维新时期政府也将"修学旅行"写进教学大纲，规定小学、初高中学生每年要完成一次时间约数天的社会学习，范围可以选择其所在城市、日本其他城市和日本之外的其他国家。不仅如此，在旅行目的地的多元选择中，博物馆作为校外学习的重要选择对象脱颖而出。"早在1895年，在曼彻斯特艺术委员会的推动下，英国就修正了《学校教育法》，将学生参观博物馆（Field Trip）纳入制度轨道，并将参观时间计入学时。"[5]可见，由"行"到旅行，再到博物馆旅行的学习价值，已在个体与国家层面逐步被正名。

　　当前，中国博物馆研学旅行正处在国家政策利好的大背景下，博物馆拥有类型纷呈的实物藏品，其视觉化、生动性和体验感等特点能吸引学生。同时，博物馆属于非正规和非正式学习机构，没有考分和升学要求，因而能促使学生在研学旅行中依据各自兴趣实现自主学习。近年来民众消费也出现升级的趋势，从满足孩子基本生活需求，到满足其娱乐需求，再到满足其成长性需求，智能休闲也越来越受欢迎；此外，中国博物馆自改革开放以来步入高速发展通道，部分博物馆在馆校合作中已建立起长效机制，积累起丰富的教育活动经验。因此，中国实施博物馆研学旅行迎来了最好的时候，得到学校、家庭和社会的广泛青睐和普遍重视。

一、"研学旅行"的背景

"研学旅行"术语的诞生。2008年，广东省作为教育改革的先锋省份，率先将"研学旅行"写入中小学教学大纲并作为必修课。从2012年起，国家先后选取包括上海在内的8个省市作为开展"研学旅行"的试点省市，并选定一批中小学作为"研学旅行"的试验区。2013年，逐步推进中小学"研学旅行"的设想得以在国务院颁布的《国民旅行休闲纲要（2013—2020年）》中被提出。自此，"研学旅行"一词作为素质教育的有力推手和旅游转型的全新方式，开始频繁出现在各类政策文件中，"研学旅行"开始由单一的"博物馆开发实施模式"逐步转型为"外部组织开发实施模式"和"博物馆开发实施模式"并存。因此，中国"研学旅行"由原先的博物馆研究视野，日趋走入教育界和旅游界的研究视野并成为"素质教育"研究的新领域，以致力于实现综合实践育人的新时代目标。

"研学旅行"定义的界定。随着"研学旅行"一词被反复使用，其官方定义也被相继提出。2014年，在十二届全国基础教育学校论坛上，教育部基础教育一司司长王定华作了题为"我国基础教育新形势与蒲公英行动计划"的报告[6]，在这一报告中"研学旅行"的官方定义被首次提出，相关内容将在文后详述。

"研学旅行"纳入教育系统。首次明确将"研学旅行"纳入中小学生日常教育范畴的是2014年国务院出台的《关于促进旅游业改革发展的若干意见》，提出"要将研学旅行、夏令营、冬令营等作为青少年爱国主义和革命传统教育、国情教育的重要载体，纳入中小学生日常德育、美育、体育教育范畴，增进学生对自然和社会的认识，培养其社会责任感和实践能力"[7]。

"研学旅行"构建保障机制。针对建立健全"研学旅行"安全保障机制，2015年国务院颁布《关于进一步促进旅游投资和消费的若干意见》，主张"在内容设计、导游配备、安全设施与防护等方面注意青少年学生的特点"[8]，同时提出加强国际研学旅行交流。

"研学旅行"打造目的地。2016年，国家旅游局发布《关于公布首批"中国研学旅游目的地"和"全国研学旅游示范基地"》的通知，决定授予北京市海淀区、浙江绍兴市等10个城市为"中国研学旅行目的地"、上海市上海科技馆等20家单位为"全国研学旅游示范基地"称号。[9]同年，为贯彻落实《国家中长期教育改革和发展规划纲要（2010—2020）》《关于进一步促进旅游投资和消费的若干意见》，教育部确定10个地区为全国中小学研学旅行实验区，并对其工作内容、基本原则、实验任务、工作要求作出具体规定。[10]

"研学旅行"发布行业标准。随着我国旅游业迅猛发展，以教育为目的的旅游也脱颖而出。为规范研学旅游的服务流程，2016年，国家旅游局发布《研学旅行服务规范》，并于一年后实施。[11]与此同时，《中国学生发展核心素养》发布，主张"核心素养要以培养'全面发展的人'为核心，分为文化基础、自主发展、社会参与三个方面，综合表现为人文底蕴、科学精神、学会学习、健康生活、责任担当和实践创新六大素养，细化为18个基本要点"[12]。同年，教育部等11部门联合印发《关于推进中小学生研学旅行的意见》，该意见是一份内容全面的权威文件，就"研学旅行"的重要意义、工作目标、基本原则、主要任务、组织保障进行了系统论述。[13]

"研学旅行"获得项目支撑。为了贯彻教育部等11部门《关于推进中小学生研学旅行的意见》精神，教育部出台《教育部办公厅关于开展2017年度中央专项彩票公益金支持中小学生研学实践教育项目推荐工作的通知》（以下简称《通知》），利用中央专项彩票公益金支持开展中小学生研学实践教育项目，将在各地遴选命名一批"全国中小学生研学实践教育基地"和"全国中小学生研学实践教育营地"，广泛开展研学实践教育活动。[14]目前，根据上述《通知》和《教育部办公厅关于开展"全国中小学生研学实践教育基（营）地"推荐工作的通知》的精神，基于国家有关基地主管部门、各省级教育行政部门的推荐，结合专家们的评议，辅以营地实地查核并进行综合评定，以及中央专项彩票公益金的支持，教育部已经分两批遴选了581个基地和40个营地。2019年，《教育部基础教育司2019年工作要点》对外公布，提出"继续实施中央专项彩票公益金支持校外教育事业发展项目，加强研学实践教育基地（营地）课程资源和服务平台建设，遴选推广典型线路"[15]。

由此可见，我国"研学旅行"的政策沿革经历了术语诞生、定义界定、纳入教育系统、构建保障机制、打造目的地、发布行业标准、获得项目支撑的发展历程。宏观上来看，全国已经初步完成以营地为枢纽、以基地为站点的国家级布局。中观上来看，地方已经实现了规模化推进，截至2019年4月，全国已经有二十个省市出台相应地方政策，形成了富有特色的地方经验。微观上来看，"研学旅行"项目中的课程产品得到重视和开发，各地在实施过程中开发并推出一批精品的课程和路线。

二、"研学旅行"的定义

当前，在政策推动、家庭需求、市场驱动的多方作用下，博物馆"研学旅行"异常火爆，无论是把握"研学旅行"的现状、归纳现存的问题，或是追溯问题的成因，还是寻找问题解决的对策，厘清"研学旅行""博物馆研学旅行"定义并对其展开分析是探究上述问题的逻辑起点。事实上，在"研学旅行"概念被正式提出前，我国已经出现"游学""研学旅游"等类似概念。日本的"修学旅行"概念，我国也借鉴使用过，如上海在2003年成立中国首个"修学旅行中心"。西方国家则多用field trip，school excursion等概念予以表达。

但有关该词的明确定义，我国学术界一直莫衷一是，各执一词。主要分为狭义和广义两种界定方式："从狭义上看，'研学旅行'是指由学校组织、学生参与，以学生学习知识、了解社会、培养人格为主要目的的校外考察活动；从广义上看，'研学旅行'则是指以研究性、探究性学习为目的的专项旅行，是旅游者出于文化求知的需求到异地开展的文化性质的旅游活动。"[16] 狭义和广义的主要区别在于：一是参与对象不同，前者是学生，后者则是任何个体；二是对目的的重视程度不同，前者强调实现知识学习等，后者则主张持有一定的求知目的；三是组织方式不同，前者指出是由学校组织的集体活动，后者则提出是旅行者的个人行为。

直至2014年，随着"研学旅行"的官方定义被界定，该词的基本内涵终于得以明确。这一官方概念，最早是由教育部基础教育一司司长王定华提出的，他在第十二届全国基础教育学校论坛上发表《我国基础教育新形势与蒲公英行动计划》报告时，指出研学旅行是"学生集体参加的有组织、有计划、有目的的校外参观体验活动"[17]，强调的是面向学生的一种集体校外教育。

同年，教育部在《关于进一步做好中小学生研学旅行试点工作的通知》中进一步把"研学旅行"定义成"是面向全体中小学生，由学校组织安排，以培养中小学生的生活技能、集体观念、创新精神和实践能力为目标，通过集体旅行、集中食宿的方式开展的一种普及性教育活动，是加强和改进未成年思想道德建设的重要举措，是推动学校教育和社会实践相结合、全面推进素质教育的重要途径，重点突出全员参与、集体活动、走出校园、实践体验"[18]。该通知突出参与对象为学生之中的中小学群体，提出了具体的教育目标和实施方法，也再次强调了这种教育的普及性特征。

当前最为权威的定义是出自2016年教育部等11部门《关于推进中小学研学旅行的意见》，该意见指出"中小学生研学旅行是由教育部门和学校有计划地组织安排，通过集体旅行、集中食宿方式开展的研究性学习和旅行体验相结合的校外教育活动，是学校教育和校外教育衔接的创新形式，是教育教学的重要内容，是综合实践育人的有效途径"[19]。由此可见，"研学旅行"的组织方已不再局限于"学校"，"教育部门"也同时被纳入。教育部门首次成为此类活动的主管部门，教育教学计划实施"研学旅行"逐步常态化。同时，该定义对教育目标的归纳更加简约，实施方法也从单一机构视角的界定转化为结合受众视角。

同年，国家旅游局颁布《研学旅行服务规范》，指出研学旅行是"以中小学生为主体对象，以集体旅行生活为载体，以提升学生素质为教学目的，依托旅游吸引物等社会资源，进行体验式教育和研究性学习的一种教育旅游活动"[20]。该定义基本内涵与教育部等11部门出台的大同小异，只是强调了旅游资源的利用，并突显其旅游属性。

从以上四个相继提出的官方定义可见，随着教育和旅游部门，尤其是教育部门不断对"研学旅行"概念进行探究与修正，使原本较为笼统的定义逐渐明朗化。首先，参与对象经历了由"学生"到专指"中小学生"的转变；其次，组织方经历了由"学校"到"教育部门和学校"的扩充，"教育部门"摇身成为此类活动的主管部门；再者，教育目标从繁复走向简约，突出"综合实践育人"；最后，实施方式从只是考虑机构如何组织，强调集体旅行和集中食宿，到考虑对象如何参与，主张研究性学习和旅游体验。通过对上述定义演变过程的厘清，我们也可从中归纳出"研学旅行"定义所具备的五大要素：

（1）参与对象主要是中小学生；

（2）主管部门主要是教育部门，组织方主要是教育部门和学校；

（3）教育目标是综合实践育人；

（4）实施方式是机构以集体旅行和集中食宿来组织，对象以研究性学习和旅游体验结合来参与；

（5）实施地点是学校以外的场所。

三、"博物馆研学旅行"的定义

自公共博物馆时代以来，博物馆经历了从展藏混一，到展藏分离，再到分众化利用的发展历程。博物馆不再只是展示物件，或灌输物件相关知识，而是开始注重博物馆之于观众的意义构建。在这一社会化的过程中，博物馆展现了其主动服务社会的热情和意识，而且发挥出充实和改善民众生活品质，构建人性、文明和公正社会的独特功能，由此成为素质教育的重要基地和实现场所。加之，近年来人们成长性需求的攀升、博物馆数量激增、媒体节目的催热、博物馆的免费开放等主客观原因，使博物馆引起了社会普遍关注，并成为"研学旅行"的热门打卡地，博物馆自身纷纷开始组织带有"研学旅行"性质的教育活动。因此，我们有必要将"博物馆研学旅行"这一概念提出并专门加以界定。总体来看，"博物馆研学旅行"是"研学旅行"的一项活动，需要服从并服务于"研学旅行"的总目标。

何为"博物馆研学旅行"？目前只有为数不多的学者对此概念进行过界定。赵薇在《新形式下博物馆文化考察类活动刍议》一文中，对"博物馆文化考察""博物馆研学""博物馆旅游"三个概念加以区分。她提出："'博物馆文化考察'主要是指博物馆方面组织的、针对某一地区或多个地区所进行的具有研究学习当地历史文化的活动，其受众不仅限于青少年，范围也可辐射至广大的成年人；'博物馆研学'是指在博物馆专职教育人员的指导下，学生自主地运用研究性学习方式获得和应用知识，发现和提出问题，探究和解决问题的博物馆学习活动。"[21]实际上，此定义并非出自作者本人，而是借鉴姜惠梅、孙友德撰写的《博物馆里"研学"

（游学）的那些事——山东博物馆青少年研学（游学）案例解析》一文中对"博物馆青少年教育研学（游学）"[22]概念的界定，其受众是未成年人，活动地点发生在博物馆场所内；"'博物馆旅游'是指'以博物馆为游览对象的活动，相对于博物馆研学，博物馆旅游的游玩目的重于研究学习'"[23]，其受众并没有任何的年龄限制。从三个概念的相关定义中不难发现，赵薇对"博物馆研学旅行"现象还是进行了较为全面的考察和区分：前两者博物馆的参与性比较强，甚至是由博物馆主导，但后者博物馆更多是提供了场所；同时前两者学习目的性凸显，后者则偏重游览目的；在前两者中，受众有所不同，"博物馆文化考察"可包括成年人，而"博物馆研学"主要涵盖的是未成年人；同时实施地点不同，前者是在非博物馆的某一地区或多个地区，而后者主要是在博物馆内。

郑奕、教亚波对上述"博物馆文化考察""博物馆研学"或类似概念也分别进行了界定。郑奕使用的是"博物馆教育旅程"概念，此概念与"博物馆文化考察"内涵所指趋同，表示"博物馆由室内延伸至户外开展的教育活动，带来观众实地探究当地的文化自然特色，唤起大众对人文的尊重与认同，或培养欣赏大自然的情趣，爱惜所拥有的资源"[24]。两个概念共通之处在于：其一，都是由博物馆主导；其二，实施地点是在博物馆之外；其三，受众不受限。差异之处在于：前者的学习对象是当地历史文化，而后者还包括自然资源。教亚波则对"博物馆研学"概念作出了另一种解释，他指出"'博物馆研学'是以博物馆为主线，通过博物馆的资源将教育内容以真实、立体的方式呈现给学生，让学生更好地在实践或是体验中了解掌握相关知识，博物馆研学是课题的载体或是延伸，它的互动性、博物性、学术性以及真实性特征使其成了当代青少年研学的重要方式"[25]。对比姜惠梅、孙友德对此概念的定义，两者事实上各有侧重，教亚波更强调依托博物馆资源的知识获取，姜惠梅等则更重视研究性学习方式的科学应用，因此后者更符合博物馆非正式教育的属性。

此外，张雯颖在其硕士论文《我国博物馆研学旅行研究》中，专门对"博物馆研学旅行"概念进行过界定，指出"博物馆研学旅行，是博物馆依托自身特色开发的、面向学生群体的馆外参观体验活动"[26]。该定义基本指向的是博物馆系统中的传统"研学旅行"，其虽然属于当前"博物馆研学旅行"的重要构成，但尚未将学校和社会机构主导的"研学旅行"纳入其中。然而，尽管"研学旅行"的主导方不同，但博物馆、学校和社会机构所面临的某些根本问题具有共性，因此该文的研究发现具备借鉴价值。

综上，通过对"博物馆文化考察""博物馆教育旅程""博物馆研学""博物馆旅游""博物馆研学旅行"五个概念的阐述和辨析，以及结合前文中"研学旅行"概念界定，我们可以获悉：第一，"研学旅行"是由教育或旅游等相关部门发起的一类校外教育活动，当这类活动以外部介入的方式寻找与博物馆资源衔接时，事实上博物馆系统自身早已开发并实施过类似活动。这一现实使得博物馆旧有系统和外部新生系统两个新旧系统胶着在一起，新旧系统所生产出的教育产品有重合也有差异，从而使此概念如同雾里看花，厘清起来相当不易。第二，"博物馆研学旅行"是从属于"研学旅行"中的一项活动，根据"研学旅行"概念的官方界定，"研学旅行是面向全体中小学生"，而"博物馆文化考察""博物馆教育旅程"等由于受众年龄不设限，所以不完全等同于"博物馆研学旅行"的概念范畴。第三，尽管"博物馆研学"概念，与官方界定的"研学旅行"要素趋同，但"博物馆研学"过于重视"博物馆人员参与"，当学校组织学生大规模参加"研学旅行"时，博物馆人员将面临接待和配合的现实困境，但也不可因此否定其属于"博物馆研学旅行"，因此不能将"博物馆人员参与"视为概念内涵所包含的基本要素。鉴此，我们尝试对"博物馆研学旅行"（也可被称为"博物馆研学游"）进行定义：

由教育部门等相关部委、学校、博物馆或社会机构有计划地组织安排，中小学生通过集体参与的方式，在博物馆场景中开展的，将研究性学习与旅行体验进行结合的校外教育活动。

可见"博物馆研学旅行"具备以下五方面要素：

（1）主管部门是教育部门，但需要联合文化和旅游部等相关部委；

（2）组织方是学校、博物馆或社会机构；

（3）参与主体为中小学生；

（4）实施地点是在博物馆场景；

（5）依托资源是博物馆资源，包括展览、教育活动、藏品、空间、人员、出版物、数字资源等博物馆独特资源。

四、总结与反思

事实上，早在20世纪二三十年代，博物馆教育职能的公共化就已经兴起，馆校合作也逐步发生，"博物馆研学旅行"只是为博物馆的资源开发使用提供新的契机。19世纪末现代博物馆学奠基人乔治·古德（George Goode），在对史密森博物院进行管理的过程中发表了多篇文章，提出行政管理的原则之一是要有一个明确适应社区的规划，[27]由此博物馆教育兴起并出现职能公共化。约翰·科登·达纳（John Cotton Dana）是社区博物馆概念的倡导者，也是博物馆教育功能的拥趸者。他在1917—1920年发表了系列文章，尝试编制博物馆教育工作索引，不仅涉及成人教育，还涵盖学校教育。[28]1920年，英国博物馆协会（British Association）公布《博物馆与教育的联系》报告，指出无论是博物馆观众，还是学校教师，均应该尽力发现博物馆藏在教育应用上的恰当方式。[29]当前正处在我国旅游大发展、素质教育改革的双重背景下，以中小学为主要对象开展"研学旅行"成为重要趋势，究其因主要可归为四个方面：博物馆数量攀升，各个省市都创建有高品质的博物馆；绝大多数博物馆为免费开放，可以减少"研学旅行"的成本；博物馆类型多样、实物广博、体验直观和自由学习的资源优势和教育价值越来越得到认可；参观博物馆安全性高，便于实现集中管理，成为"研学旅行"选择的最佳目的地之一。

总体来看，我国"博物馆研学旅行"主要包含两大系统：一是来自博物馆的旧有系统，已经初步积累一定的经验。这种类型的"研学旅行"由来已久，如上海博物馆从2000年起，历年暑假期间举办夏令营，获奖者将有机会参与文化考察活动。一是来自教育部门和旅游部门（主要来自教育部门）的全新系统，若追溯至2008年广东省最早将"研学旅行"写入中小学教育大纲，那么目前实施只有十多年。当该外部系统强制介入博物馆时，面对大批量师生涌入博物馆，无论是博物馆、学校，还是社会机构，甚至是政府均面临着协同配合的深入融合问题，由此带来博物馆资源的有效供给不足。因此，整体来看，尽管旧有的"研究旅行"在博物馆内部早已被开发实施，但新系统创建后，与旧有系统碰撞所生成的"博物馆研学旅行"，基本处于起步阶段，参与各方主体尚属于"磨合期"，多表现为表层"物理反应"还未到深层的"化学反应"。

　　在博物馆旧有系统尚面临研学活动水平提升问题的同时，随着学校和社会机构跻身其中，新的问题相继产生。不难发现，"博物馆研学旅行"乱象丛生的问题，主要是聚焦在外部的新生系统中，而并非主要在博物馆旧有系统。对于旧有系统来说，"研学旅行"问题的解决更多是锦上添花，而新生系统则是雪中送炭。其中，新生系统中的问题主要出自社会机构主导的"研学旅行"。据不完全数据统计，"研学旅行"市场利润在2018年已超过上百亿，总人次在2019—2020年已达到3亿。[30] 无论是市场利润，还是参与规模均已经较为可观。不少机构抱着"火热市场利益均沾"的心态进入，其或者不具备资质，或者通过中间人获取业务，出现严重的质量问题。多家媒体甚至国家文物局纷纷发文强调加强质量监管。除博物馆旧有系统中的"研学旅行"之外，在社会中火热掀起的"研学旅行"基本属于"空降"类型，主要是由国家自上而下的政策驱动才得以产生，尽管不少社会机构利用了这股政策的东风，但事实上这种外部驱动的结果导致各方仓促应对，准备都不够充分。鉴于此，笔者认为如欲解决名不副实的"游而不学"现象，首先应当明确博物馆研究旅行的概念及其内涵，区分并厘清新旧两类系统，进而探究两类系统根本上的共性议题，如学生群体兴趣和需求构成、学生自我导向学习方法、教师参与影响因素及其互动模式，以发挥旧有系统的经验优势，并促使两类系统的良性共生。

- 注释 -

［1］荀况. 荀子［M］. 张觉，校注. 长沙：岳麓书社，2006：1.

［2］任锋夫，袁茹琳. 人生箴言录［M］. 北京：农村读物出版社，1989：237.

［3］陶行知. 中国教育改造［M］. 北京：人民出版社，2008：153.

［4］［英］弗朗西斯·培根. 培根随笔［M］. 名家编译委员会，译. 北京：北京日报出版社，2016：47.

［5］Hooper-Greenhill.E. *The Educational Role of the Museum*［M］. London：Routledge，1994：258-262.

［6］谭昀，谢慧菁，肖慧. 研学课程的目标定位与实施路径［J］. 中国教师，2019，（08）：113.

［7］国务院印发《关于促进旅游业改革发展的若干意见》［EB/OL］. 中央政府门户网站.（2014-08-21）https://www.gov.cn/zhengce/content/2014-08/21/content_8999.htm

［8］国务院办公厅印发《关于进一步促进旅游投资和消费的若干意见》［EB/OL］. 中央政府门

户网站.（2015—08—11）https://www.gov.cn/zhengce/content/2015—08/11/content_10075.htm

［9］国家旅游局公布首批中国研学旅游目的地和全国研学旅游示范基地［EB/OL］．河北新闻网.（2016—01—25）http://travel.hebnews.cn/2016—01/25/content_5303875.htm.

［10］关于做好全国中小学研学旅行实验区工作的通知［EB/OL］．中华人民共和国教育部网站.（2016—03—18）http://www.moe.gov.cn/s78/A06/tongzhi/201603/t20160324_235039.html.

［11］奉化区教育局转发国家旅游局《研学旅行服务规范》的通知［EB/OL］．宁波市奉化区人民政府网站.（2019—05—27）http://www.fh.gov.cn/art/2019/5/27/art_1229636420_57685058.html.

［12］赵婵娜、赵婷玉．《中国学生发展核心素养》发布［EB/OL］．环球网.（2019—12—31）https://china.huanqiu.com/article/9CaKrnKoCRf?imageView2/2/w/228.

［13］教育部等11部门关于推进中小学生研学旅行的意见［EB/OL］．中华人民共和国教育部网站.（2016—11—30）http://www.moe.gov.cn/srcsite/A06/s3325/201612/t20161219 292354.html.

［14］教育部办公厅关于开展2017年度中央专项彩票公益金支持中小学生研学实践教育项目推荐工作的通知［EB/OL］．中华人民共和国教育部网站.（2017—07—17）http://www.moe.gov.cn/srcsite/A06/s7053/201708/t20170802_310549.html.

［15］关于印发《教育部基础教育司2019年工作要点》的通知［EB/OL］．中华人民共和国教育部网站.（2019—03—08）http://www.moe.gov.cn/s78/A06/tongzhi/201903/t20190319_374131.html.

［16］杨艳利．研学旅行：撬动素质教育的杠杆——访上海师范大学旅游学系主任朱立新教授［J］．中国德育，2014（17）：22。

［17］什么才是真正的研学游，别让你的孩子只"游"不"研"［EB/OL］．甘肃省文化和旅游厅网站.（2018—05—26）https://baijiahao.baidu.com/s?id=1601452346293231999&wf-spider&for=pc.

［18］关于进一步做好中小学生研学旅行试点工作的通知［EB/OL］．中华人民共和国教育部陕西分站.（2017—03—22）https://shaanxi.eol.cn/shannxihot/201703/t20170322_1500131.shtml?from=singlemessage.

［19］教育部等11部门关于推进中小学生研学旅行的意见［EB/OL］．中华人民共和国教育部网站.（2016—11—30）http://www.moe.gov.cn/srcsite/A06/s3325/201612/t20161219 292354.html.

［20］中华人民共和国旅游行业标准——研学旅行服务规范（LB/T 054—2016），中华人民共和国国家旅游局.（2016—12—19）https://zwgk.mct.gov.cn/zfxxgkml/hybz/202112/W020230821583316133266.pdf.

［21］赵薇．新形势下博物馆文化考察类活动刍议——以唐山博物馆"文化之旅"活动为例［C］//中国博物馆协会城市博物馆专业委员会，江苏省博物馆学会．传承与创新——地方性博物馆变革与发展学术研讨会论文集．唐山博物馆，2018：195—196.

［22］姜惠梅，孙友德. 博物馆里"研学"（游学）的那些事——山东博物馆青少年研学（游学）案例解析［N］. 中国文物报，［2018-1-16］.

［23］赵薇. 新形势下博物馆文化考察类活动刍议——以唐山博物馆"文化之旅"活动为例［C］//中国博物馆协会城市博物馆专业委员会，江苏省博物馆学会. 传承与创新——地方性博物馆变革与发展学术研讨会论文集. 唐山博物馆，2018：196.

［24］郑奕. 博物馆教育活动研究［D］. 复旦大学博士学位论文，2012：32.

［25］教亚波. 试论当前博物馆与研学旅行的有效结合［J］. 文物鉴定与鉴赏，2019（23）：108-11.

［26］张雯颖. 我国博物馆研学旅行研究［D］. 复旦大学硕士学位论文，2019：7.

［27］Rydell，R. W. *World fairs and museums*.［M］. A companion to museum studies，2006：135-151.

［28］参考国际博物馆协会博物馆学专业委员会主席弗朗索瓦·梅海斯（Francois Mairesse）的《博物学：历史与基础》讲课内容。

［29］Vallance，E. Relearning Art-Museum Education［Book Review］. *American Journal of Education*，1994，102（2）：235-243.

［30］河南省青少年研学中心. 博物馆研学怎么做才能更高效［EB/OL］.［2019-08-20］https://baijiahao.baidu.com/s?id=1642370079034140064&wfr=spider&for=pc.

面向未来的教育：博物馆教育的理念与实践探讨

博物馆作为人类社会的一项伟大创造，不仅是人类记忆的容器、人类文明的窗口，也是社会教育、终身学习的课堂。[1]博物馆教育是社会教育的重要组成部分，具有实物性、情境性、体验性、主动性、终身性等特点。博物馆教育存在狭义和广义之分。[2]狭义的博物馆教育是指在博物馆内实施的一般教育项目，而广义的博物馆教育则认为由博物馆产生的、具有教育意义和功能的一切事物皆可视作博物馆教育。自博物馆诞生之日起，博物馆内的教育现象经历了从无到有的发展，其自身的逻辑也随着社会的变迁经历了从"权威教化"型到"学习体验"型的演变。[3]

博物馆本质上以教育为根本。在博物馆语境中，包含着展品、空间、设计和情感的系统构成，其主要目的是激励公众探究展陈所涉及的相关知识，支持观众的自主学习，为公众提供学习机会和休闲选择。[4]因此，博物馆教育功能越来越突出，从传统的说教到主动调动观众的热情，让他们关注、参与和融入博物馆教育活动中，彰显博物馆魅力。[5]

一、为什么需要博物馆教育？

1. 教育是博物馆发展的内驱力

习近平总书记2017年在广西考察工作时提出"一个博物馆就是一所大学校"。面向普通公众的教育，促使博物馆研究阐释的方法，包括陈列的理念与方式，使博物馆由古典走向现代。

博物馆缘起于收藏、陈列与研究、传播和教育等公共职能的确立。自1905年张謇创办南通博物苑开始，我国博物馆就以教育为目的，以传播知识、教育公众为己任。[6]20世纪二三十年代著名教育家蔡元培提出，博物馆是重要的社会教育机构，并且教育不专在学校。与此同时从欧美留学归来的马衡、傅斯年和李济等成立了中国博物馆协会，引入了西方博物馆教育理念，"以补充学校教育，保存文化，提高学术"。这时期的博物馆人已经充分认识到博物馆教育的作用，一直将其视为教育机构，隶属教育部的社会教育司。新中国成立后借鉴苏联模式，1951年中国历史博物馆和中国革命博物馆设立了群众工作部，主要工作是讲解，担负起对大众的社会教育工作。

改革开放后，中国博物馆教育飞速发展，回归了原有的文化教育使命。2007年新《国际博物馆协会章程》定义博物馆是"为教育、研究、欣赏的目的征集、保护、研究、传播并展出人类及人类环境的物质及非物质文化遗产"，将"教育"调整到博物馆功能的首位。2015年颁布的《中国博物馆条例》也将博物馆教育列为首位，彰显其"教育"工作的必要性和重要性。

2．博物馆具有不可替代的教育功能

博物馆开辟了利用物质文化而非文字式的教科书阐释文化和科学的方法，使文化遗产具有了更加深刻而广泛的意义；提供了认知世界的新维度和新视野；培育了公众由观察、体验等可感知的方式而理性认识世界的途径，如对历史的认识、对文化的认识、对自然的认知、对科学技术的认识乃至于对人类自身生存发展的认知等等，进一步提升了公众的生活品质甚至生存能力。

3．国家政策的倡导

中国博物馆近年来的高速发展与繁荣是国家政策引导的结果。近年来，国家高度重视博物馆教育功能。2008年中央多部门联合下发《全国博物馆纪念馆向社会免费开放的通知》，更多观众开始走进博物馆。同时国家文物局开始推行评选国家级博物馆和博物馆运行评估工作，指明博物馆发展方向，博物馆教育功能越来越突出，从聚焦"物"到关怀"人"转变；从传统的说教到主动调动观众的热情，让他们关注、参与和融入博物馆教育活动中，彰显博物馆魅力。2020年教育部、国家文物局联合印发《关于利用博物馆资源开展中小学教育教学的意见》，对中小学利用博物馆资源开展教育教学提出明确指导意见，进一步健全博物馆与中小学校合作机制，促进博物馆资源融入教育体系，提升中小学生利用博物馆学习效果。

德国思想家、改革家M.路德（M.Luther）指出："一个国家的前途，不取决于它的国库之殷实、不取决于它的城堡之坚固，也不取决于它的共同设施之华丽，而在于它的公民文明素养，即人们所受的教育、人们的学识、开明和品格的高下。这才是利害攸关的力量所在。"博物馆是培养国民素养的好地方，博物馆学习是一种变革性的、情感性的体验，在此过程中，观众在一种非正式的、自愿的环境中，培育新的态度、兴趣、鉴赏、信仰和价值观。[7]

4．促进博物馆建设

对教育的研究、对博物馆的建设也会产生巨大的推动。教育是一种公共关系，是与时代、与社会的互动，有利于博物馆走向开放、走向现代化。

二、博物馆教育理论

博物馆教育理论是指用来理解、解释、预测博物馆教育的概念及其原理的理论体系，对博物馆教育的未来发展有可验证性的预测。相关研究涉及教育学、人类学、社会学、心理学和传播学等不同学科领域。博物馆教育功能地位的提升经历了漫长的过程，直到18世纪末19世纪初，经验主义哲学指导下的博物馆研究虽涉及知识的传播与生产，但并非真正意义上的博物馆教育。随着启蒙思想的广为传播和公共博物馆的诞生，博物馆的公共教育功能逐步被人们所认识。19世纪，工业革命推动博物馆教育功能发展。[8]乔治·布朗·古德（George Brown Goode）于1895年指出"一座用途广泛而且享有一定声誉的博物馆必须在教育或研究领域富有创新"[9]。1967年，美国博物馆协会列出博物馆必备的认定条件之一为"以教育为目的"，教育成功与否成为博物馆评价的要素。随之突破性发展出以"开放式学校""非正式教育场所""主动探索"等术语为核心的教育理论与实践研究。

博物馆是复合性的文化机构，教育是所有博物馆活动的重要目的。"博物馆不在于它拥有什么，而在于它以其有用的资源做了什么。"这是一句应该被我们博物馆人奉为经典的至理名言，并贯彻于具体的实践之中。博物馆在履行社会教育的职能时，所采取的方式、方法也应该紧紧围绕这个中心展开。古德还说："公共博物馆首先是服务于公众的利益。"[10]这与目前很多馆长只接待领导获取自身利益的观念差距很大。

进入21世纪，博物馆从"教育"（Education）到"学习"（Learning）的语义转变体现出理解博物馆教育功能方式的思想变化。研究者愈发关注观众的学习过程和结果以及如何促进学习体验，而非博物馆及其教育传递。伴随终身教育理念的普及与学习研究的兴起，以及多元体验、消费主义、后现代理论的影响，"学习与体验"成为这一时期的关键词。[11]

综合各家博物馆教育理论成果，在建构主义学习理论的视角下，乔治·海因（George E. Hein）以知识理论和学习理论为象限，创造性地提出博物馆教育理论，并将其分为四种类型：说教/解说式教育（Didactic, Expository Education）、刺激反应式教育（Stimulus Response Education）、探索式教育（Discovery Learning）和建构主义式教育（Constructivism Learning）。[12]

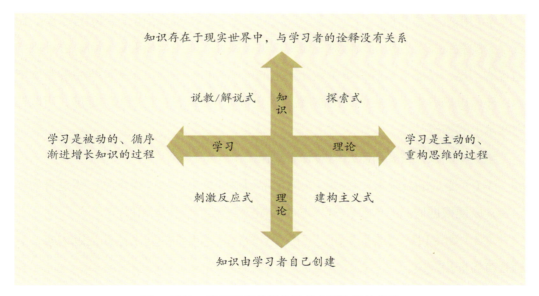

图1　乔治·海因提出的博物馆教育理论及其类型

每一座博物馆都有特定的内容；每一座博物馆都有很多内容；每一件藏品或展品都有多种阐释角度；每一座博物馆都面对许多实在的和潜在的不同的公众。博物馆教育是一种极具特色的教育类型。它不同于学校（或大学）教育，也不是职业教育或技能教育。博物馆教育与图书馆教育亦有不同，尽管在很多方面有相似之处。

三、实施博物馆教育的方法

博物馆作为一个教育性机构，要成为博物馆教学法研究中心，致力于研究和发展以实证为基础、围绕各个年龄层的学习特点开展博物馆课程或活动设计，并在研发和测试的基础上，进一步推广适用于非正式学习环境的思考框架，让学习者思考和学习过程变得清晰可见。博物馆体验学习的目标是实现博物馆服务对象正确知识和能力的增长，观众必须在博物馆得到对他们有价值的东西。

博物馆教育是博物馆利用馆藏资源和陈列展览以及相关材料，通过多种方式向公众提供提升自我的教育服务；协助观众梳理从博物馆获取的知识，通过知识整合、激发感知、获取新体验，帮助观众个人发展和获得成就。博物馆教育提供了许多形式、结构和应用来帮助展览信息的呈现，例如课程、参观学习单和互动活动。

1. 准备文本学习资料

学习单主要是博物馆为协助教师或家长，指导学生观众而设计的引导参观、自我学习的教育资料，也可以针对一般观众进行设计。对于学校而言，可以弥补教学内容的不足，是配合素质教育所设计出来的延伸教材。不但可以充实学生的基本能力，还可以培养学生自主学习的态度。对于博物馆而言，它是展览的延伸，可以补充展示上的不足[13]。

学习单的设计主要可以归纳为七个步骤，具体如下：

（1）**选定学习对象**：必须首先确定学习对象是小学生、中学生，还是其他学习者，以便根据他们的年龄、知识结构等情况来确定学习目标和内容。

（2）**确定目标与选定主题**：根据义务教育教学大纲的要求选择主题内容，明确教育目标和效果。

（3）**收集资源**：通过相关的书籍、展览资料、研究论述等收集与所选定的主题相关联的资料。

（4）**规划学习活动**：学习单的主要内容要配合学习目标，明确重点观察的展品、展出位置和参观线路并规划详细的学习活动。具体内容包括：活动项目、目标分解、活动时间、场地需求、设备材料、经费预算、参考资料等。

（5）**决定教学策略**：教学策略是指在活动中采取的教育方式，如发问的方式、情境设计的方式、角色扮演的方式等，并提供问题的结构，如记忆性、聚焦、扩散和判断等。

（6）**咨询相关领域专家：**根据咨询情况，修正学习单内容。

（7）**实施与评析结果：**总结效果以便指导下一步设计工作。[14]

此外，学习单上还要指定使用地点，并在列出问题的时候，清楚说明答案的类型，如摘要、文字、图画、多选等。学习单上要保留足够的空间让小朋友回答问题，如可供画图的方框、填写答案的横线等。在措辞上也要适合使用者团体。[15]

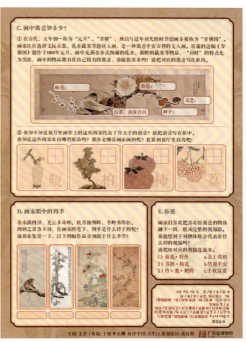

图2　广东省博物馆向观众免费派发的"爱粤读"学习资料

2．博物馆独特的学习方法

"教育项目"一般特指那些为实现教育目的而专门组织的活动，包括为学校团体提供的展示、巡回讲座、各种课程、教育戏剧、实验室、研讨会、网络、影视、书刊、科学器材、与学校合作的项目、户外旅行、教师职业发展活动、自然考察以及夏令营等。

2.1　说教解释式教育教学法

说教解释式教育应用广泛，为人们掌握学业性课程、语言和技能提供了明显的帮助。博物馆的藏品长久以来一直按照说教解释式教育的要求进行布置。说教解释

图3　广东省博物馆志愿者导览

式教育的展览通常按某种顺序排列，有着明显的开始与结束，而且明显地带有观众针对性。解释性的文字说明牌和整体介绍文字浓缩了希望观众所掌握的知识。各种信息通常由浅到深地一步步呈现给观众。这里的焦点主要是所传授的知识内容。为中小学设计的各种项目强调学生应该掌握某一具体课程内容，按照从简单到复杂的分级顺序来安排教学。在这些项目中，要学的内容决定着具体的学习目标。

目前，国内馆长们比较重视讲解服务。他们认为"讲解就是博物馆教育"。大多数博物馆面向社会提供免费、收费导览服务，或是提供设施设备和自我导向的参观服务。博物馆社教部、宣教部、教育部的主要工作则是为专家、领导和观众提供讲解服务，但这与真正的博物馆教育还有很大差距。

2.2　刺激反应式教育教学法

按照行为主义思维设计的博物馆教育项目强调对目标概念的巩固。例如：互动式展览经常给那些回答正确的观众以奖励；按下一个按键，打开正确的选择牌或者触摸电脑显示屏上的答案都会得到鼓励："回答正确。"

有些展览会在观众继续观看下一个展品或者开始进行下一个体验之前进行

图4　乐昌坪石"粤北抗战时期的广东教育展"系列活动

提问，以测试他们对上一展品的了解程度。这种方式属于刺激反应式教育。这种教育方法通过展览组件提供和巩固正确答案，消除观众所持有的常见的错误观念。

2.3 发现式教育教学法

将主动学习与对知识的现实看法相结合，将学习者通过"亲自探索"发现的机会与"通过动手来学习"的机会相结合，也自然成为博物馆常用的方法之一。因为博物馆重视展品和从展品中获得知识的价值，这种观点也得到了越来越多的支持。许多展览都被设计成互动式，旨在让观众参与进来，向他们提出挑战，激发他们去理解那些虽已被社会广泛认可，但对他们而言却是全新的概念。观众们有时会模仿一些著名的科学试验，或者通过角色扮演来模拟一些历史事件。所有这些活动从一开始就已设置了既定目标。

这些允许人们去探索的展览属于发现式教育。在这种展览中，观众可以在不同的展品中来回参观。由于这种学习理论将重点放在学习者身上，基于这些理论的展览设计也以满足各种学习风格和类型的要求为宗旨，博物馆会提供一些方法，让观众们评估自己的结论是否正确，比如在标识牌和文字说明处提出问题，鼓励观众自己寻找答案。针对中小学的项目也会通过吸引学生参与活动来引导他们学习。儿童和成人研讨会提供专家评述和其他形式的点评，让参与者去琢磨和思考，使他们能够深度理解其内容。

图 5 "牵星过洋"展览中的互动项目："猜猜看，船员们吃什么？""猜猜看，泊语是什么？"

2.4 建构主义教学法

博物馆很快接受了将主动学习与个人理解建构相结合的做法。或许是因为博物馆为非正式的学习场所，观众都是自愿前来参观，所学的内容也非硬性规定，博物馆才如此深受人们的喜爱。在博物馆中，观众可以随意走动，或在某处驻足，或快速浏览展览，或观看那些与他们从前的知识和经验相关的东西，或愉快地探索新知识。

建构主义对学习的定义囊括了非预期的结果，这非常适用于博物馆的活动。因为观众通常会与物件和展品进行互动，而这些物件和展品最多也只是与某一个具体课程略微相关。学习者个人背景的差异对情境的影响、在社会交际方面的经验、受环境影响的程度、对学习的认知等都在博物馆教育中扮演着重要角色。[16]

有些博物馆和博物馆展览有意追求、强化观众的建构主义体验。那些有着多个入口、没有固定线路、没有开始与结束的展览都有利于建构主义教育。展品名称和文字说明会向观众介绍多个不同的观点，让观众有机会通过参与结合了他们生活经验的活动来了解展品和观点。针对中小学的项目则会为学生们提供各种体验机会及材料，让学生们可以参与实验、进行推测并得出自己的结论。

许多博物馆在最近几年都进一步发展了建构主义方法。他们设置了"发现室"，在里面放满各种物件，通常观众会在一名博物馆工作人员的指导下操作。这种做法最早源于自然历史博物馆，观众可以从中央服务台租借一个盒子，通过亲手

图6 洛杉矶Skirball犹太博物馆儿童博物馆展陈，用环保材料设置展项，鼓励儿童参与

触摸来仔细查看盒子里的贝壳、岩石或羽毛。

3. 激活学习的力量：馆校合作

3.1 搭建合作平台和机制

博物馆教育人员应着力推动博物馆教育资源的开发及应用，围绕展览、展品开展教育活动，挖掘与生活有关的、观众感兴趣、乐于探究的内容，结合课程标准，开发富有特色的课程和可移动教育资源；着重加强与教育部门的联系机制，根据本馆特色，结合中小学教学内容，制定教育活动计划，并组织开展相关学习活动；加强博物馆教育人员与学校教师的交流合作，将博物馆教育培训内容纳入相关学科类教师培训中。[17]

国家文物局考评博物馆运行效果的主要参考指标有加强博物馆网络教育资源建设；利用现代信息技术建立本区域网上博物馆资源平台和博物馆青少年教育资源库；促进与中小学网络教育资源对接；着力拓展博物馆教育方式途径；要求创新博物馆学习方式，以促进学生学习为目标，增强博物馆学习的趣味性、互动性和体验性；提升博物馆研学活动质量，充分利用各类博物馆资源，组织开展爱国主义、革命

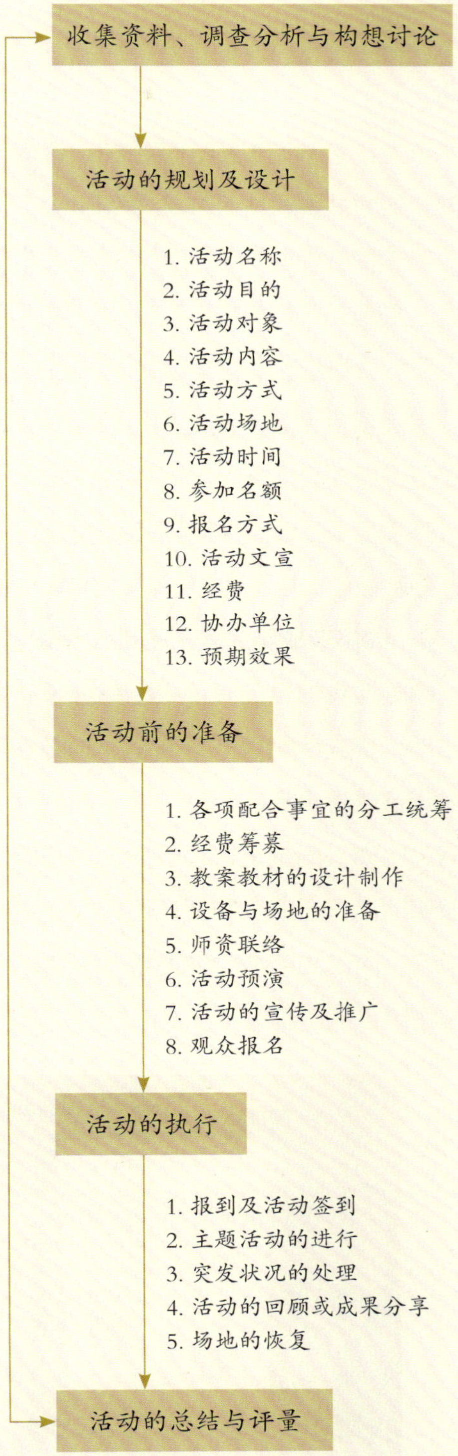

收集资料、调查分析与构想讨论

活动的规划及设计

1. 活动名称
2. 活动目的
3. 活动对象
4. 活动内容
5. 活动方式
6. 活动场地
7. 活动时间
8. 参加名额
9. 报名方式
10. 活动文宣
11. 经费
12. 协办单位
13. 预期效果

活动前的准备

1. 各项配合事宜的分工统筹
2. 经费筹募
3. 教案教材的设计制作
4. 设备与场地的准备
5. 师资联络
6. 活动预演
7. 活动的宣传及推广
8. 观众报名

活动的执行

1. 报到及活动签到
2. 主题活动的进行
3. 突发状况的处理
4. 活动的回顾或成果分享
5. 场地的恢复

活动的总结与评量

图7　博物馆教育活动设计流程

传统等主题的实践教育活动；将博物馆青少年教育纳入课后服务内容，鼓励小学在下午3点半课后时间开设校内博物馆系列课程，利用博物馆资源开展专题教育活动。[18]

作为创意学习机构，博物馆教育属于创意学习前沿区域已经近20年了，运用不断创新的方式提供未成年人学习机会，激发他们的学习潜质；利用馆藏扩展学习体验，用于探究性学习、反思和实证收集的催化剂，通过多样化的教育活动，比如沉思式、主题式、环境式、互动式，鼓励更多青少年参与博物馆学习。

3.2 馆校合作教育项目的开发流程

明确项目主题→制定项目目标→挑选文物（展品）→设计项目内容→规划项目步骤→进行项目实施→开展项目评估。

开发原则：秉持科学严谨的态度，多元化整合教育资源、实物教学和情景带入；分龄教学，因人施教；关注生命，体验生活。

4. 优化未成年人教育基础设施设备

中国博物馆界的有识之士早就呼吁，"博物馆请多给儿童一点空间"。除了展厅之外，实施博物馆教育的空间是必不可少的。有一部分博物馆率先设计出了专门针对儿童或青少年的活动空间，深受家长和孩子们的喜爱，拉近了博物馆与社区的距离。比如，南越王博物院为儿童开辟了"南越玩国"区域，用陶罐中飘出的七色彩云和动漫卡通形象布置环境，设计考古挖掘和穿汉服等互动环节，通过游戏来探索学习。南汉二陵博物馆设置了青少年考古区域，鼓励学生参与考古过程。但大部分博物馆目前还没有开辟专门针对儿童的活动区域，是个亟待开发的领域。

图8　广州南越王博物院的"南越玩国"儿童区

四、教育项目评估

国外博物馆界曾做过多次观众调查，了解观众参观后对知识、概念的学习情况，结果发现相当多的观众只能记住很少，甚至没有记住展览中的知识和概念。[19]如果只从知识学习的角度来看，这个结果是让人感到沮丧的。造成这种情况的原因有很多种，包括传播技巧方面的问题。但从另一个角度来看，这可能是博物馆学习的独特性，因而不能简单地用常规的指标来进行衡量。事实上，博物馆学习的范式、过程和结果与常态的学习有明显的区别。我们日常的学习过程通常是一个意识范畴的活动，学习的结果储存在意识的领域里，但人类获得的知识并非完全是在意识领域中的，也有无意识领域的。近年来世界范围的心理学家对这种无意识范畴的知识在人类生存中的地位，给予了越来越高的评价。博物馆学习正是一个能在一定程度上触及无意识领域的活动。博物馆的展示虽然也依赖于常规语词符号的传递方式，但博物馆为满足观众的理解所安排的环境以及由此产生的体验感，会在一种较感性的层面上渗入观众的无意识领域，从而形成一种程序以外的知识。这表明博物馆学习的内涵远比我们所想象的大得多。[20]

应对快速变化的教育环境，博物馆可以为正式教育提供什么样的学习机会？如何评估博物馆为学校提供学习的品质？博物馆资源和输出教育项目发展状况如何？什么阻碍了博物馆提供高品质学习？

博物馆青少年教育评价体现多元化、多维度、多视角的方式。建立评价机制的根本目的是通过业内管理部门进行数据的收集与分析，做出整体判断。评价主体多元化，以学生、家长、教师或学校、博物馆人员和社会为主。评价内容多维化，以教育课程（活动）、师资队伍建设、教育教研机制为内容。具体评价过程以访谈和问卷相结合、教育观察记录、作品分析和社会影响力几个方面考量。

评估博物馆教育项目，也可以借鉴美国博物馆教育委员会提出的检验标准：

（1）教育项目的成果与其预定目标的关系；

（2）教育项目成为其他组织典范的潜力和避免落后或者脱离时代主题的潜力；

（3）教育项目以实质性方式使用博物馆研究、收藏和展览；

（4）教育项目满足观众期望和需求的证据；

（5）教育项目是否有得到清晰界定的观众；

（6）教育项目是否是创新的或试验性的，能否主动与非传统观众接触，或者以其他方式超越现状；

（7）教育项目是否已获得重大的专业认可或者大众认可；

（8）教育项目是否趋向于鼓励观众紧跟时代和学习更多；

（9）教育项目的观众规模跟它所消耗的资源的关系；

（10）总体项目在一个单位教育指标上的平衡，比如，是否投入过多资源去支持某个教育项目。[21]

五、未来需要努力的方向

2020年9月28日习近平总书记在中央政治局第二十三次集体学习时发出"活化文物资源和文化遗产"的号召，教育部和国家文物局连续发文，让博物馆教育再次面对挑战和机遇。博物馆教育人员是开发、实施教育活动的核心力量，他们的专业化水平和实际工作能力直接影响着博物馆教育资源的利用和教育功能的发挥。博物馆教育人员的能力要求比较高，不仅要有专业研究能力，还需要沟通表达能力、协调合作能力、活动创新能力、问题解决能力。但目前讲解员外聘的用工形式，编外人员通常会被当作"临时工"对待，多用于辅助性、临时性等专业性不高的岗位，待遇上比在编人员低，甚至存在"同工不同酬"的现象，导致编外人员离职率高，人员素质参差不齐。如何引进博物馆专业人才开展各项专业领域的工作，而不仅是聘用临时工充当博物馆教育人员，这是博物馆管理层需要正视的长久发展问题。

未来博物馆教育的挑战是让观众有更好的身心体验。传统的以器物为核心的展览中，观众学习主要是观察器物和标签。如今的博物馆中，展览要素增加了，展览的传播方式更加多样化，包括情景再现、视听装置和各种互动体验装置。通过展厅中设置的教育项目，如小剧场、小影院、探索角等，激发学习的兴趣。不同于以往只注重知识传递的传统观念，新学习观更加强调学习作为一种社会互动的过程，学习不仅是获取知识的过程，还是技能培训、价值观培养和行为塑造的过程。学习者并非消极的信息接收者，而是具有主体能动性的个体意义构建者。

期待未来从制度上明确博物馆教育机构性质，确立博物馆是国民教育体系有机组成部分的法律地位，将博物馆教育列入各层次教育教学体系框架，为学校教育活动和教师培训提供便利，并给予充分的资金保障；在日常教学活动与教材的编写中增加博物馆教育和当地历史文化的相关内容；相关行政部门加强协调，促进博物馆与其他文化教育机构的横向联系。

随着元宇宙概念的普及，信息化时代，网络是博物馆学习最强大的工具。尤其是新冠肺炎疫情后，各家博物馆都加强了线上教育内容，直播导赏、云展览、云讲解和博物馆线上课程纷纷上线，跨越时空阻隔，使受众数量远超博物馆进馆观众数量。相对于传统的博物馆学习，博物馆线上课程更多地把学习自主权交还学习者，也由此创造了更多的学习机会，并由学习者自己主导知识建构的过程，以此促进博物馆更好地实现社会教育的使命、构建有效的"以参观者为中心"的教育服务体系，最终促进博物馆等社会公共教育资源成为有效的终身学习平台。

－ 注释 －

［1］中国博物馆协会社会教育委员会. 中国博物馆青少年教育工作指南［M］. 北京：文物出版社，2018：序-1.

［2］周婧景、马梦媛. 博物馆教育理论及其发展初探：内涵、发展和未来［J］. 博物院［2021-08-28］.

［3］葛兰恩·塔柏伊. 博物馆教育人员手册［M］. 林潔盈，译. 张誉腾，导读. 台湾：五观艺术管理公司出版，2004.

［4］支小勇. 博物馆陈展的WHY和HOW［N］. 中国文物报［2013-01-23］.

［5］王芳. "小小讲解员"培训，能否换个方式？［N］. 中国文物报［2013-11-27］.

［6］单霁翔. 博物馆的社会责任与社会教育［J］. 东南文化［2010-12-28］.

［7］王芳. "小小讲解员"培训，能否换个方式？［N］. 中国文物报［2013-11-27］.

［8］周婧景、马梦媛. 博物馆教育理论及其发展初探：内涵、发展和未来［J］. 博物院［2021-08-28］.

［9］广东省博物馆协会. 博物馆工作指南［M］. 广东省文化和旅游厅，策划. 桂林：广西师范大学出版社，2023.

［10］［美］莎伦·E.谢弗. 让孩子爱上博物馆［M］. 于雯、刘鑫，译. 江苏：译林出版社，2018：英文版序.

［11］周婧景、马梦媛. 博物馆教育理论及其发展初探：内涵、发展和未来［J］. 博物院［2021-08-28］.

［12］［美］乔治E·海因. 学在博物馆［M］. 李中、隋荷，译. 北京：北京燕山出版社，2010：29-40.

［13］孟庆金. 学习单：博物馆与学校教育合作的有效工具［J］. 中国博物馆，2004（3）：15-19.

［14］孟庆金. 学习单：博物馆与学校教育合作的有效工具［J］. 中国博物馆，2004（3）：15-19.

［15］葛兰恩·塔柏伊. 博物馆教育人员手册［M］. 林洁盈，译. 台湾：五观艺术管理公司出版，2004：208.

［16］［美］乔治E·海因. 学在博物馆［M］. 李中、隋荷，译. 北京：北京燕山出版社，2010：29-40.

［17］宋娴. 博物馆与学校的合作机制研究［M］. 上海：上海科学技术出版社，2016：2.

［18］教育部、国家文物局联合印发关于利用博物馆资源开展中小学教育教学的意见［N］. 中国文物报［2020-10-20］.

［19］张丹. 浅谈"体验"在博物馆中的意义和作用［J］. 黑河学刊［2014-12-20］.

［20］［美］约翰·H. 福克. 博物馆观众：身份与博物馆体验［M］. 郑霞、林如诗，译. 杭州：浙江大学出版社，2022：90-92.

［21］美国博物馆协会. 美国博物馆国家标准及最佳做法［M］. 伊丽莎白·E.梅里特，评述. 北京：外文出版社，2010：16.

研

所谓现场教育，不是教室到博物馆、
古驿道的简单教学场景切换，
而是由于教学场域改变后，
教学的主题、内容、形式
也随之发生根本性改变。

【本章作者】刘　洁　卢悦云

让课程与研学现场绝配：确定高质量研学主题

当我们讨论一个好的研学课程的设计标准时，如果只列一条，你会认为是什么？实践来看，应该是研学课程与研学现场的高度匹配，也就是研学主题的因地制宜。

"主题"一词的来源，有较多说法。有说来自德国，原是音乐术语，代表乐章中最重要的主旋律。也有说源自古希腊语，最初用来描述诗歌的中心思想或主旨。研学主题，则归纳概括整个研学课程的中心思想、主旨与立意，指导着研学内容与形式。

一、什么是好的研学主题？

研学主题的确定首先需要避免过于泛化。例如"自然保育""红色文化""家国情怀""乡村振兴"这些过于宽泛的主题，难以使研学课程与现场建立特定的联系。

好的研学，应该是一部主题鲜明的纪录片而非好看的综艺节目。研学主题是打破信息碎片化，强调以主题使内容结构化。

好的主题需要满足独特性、整合性、构建性几个特点。

主题的独特性我们在前文已经反复强调，在此不再赘述。从研学内容与元素来说，主题的整合性，就是在寻找研学内容各要素之间的"联系"。研学内容本身存在着不同要素，这些要素的存在和发展都不是孤立的，它们彼此联系、糅合呈现为一个整体。如此一来，研学就不再是为历史而讲历史，为建筑而论建筑，为实验而做实验……整合意味着建立知识框架而非零散的知识点，着眼于锻炼思维模式而非简单复述的能力。在整合得当的基础上，研学主题就会具有延展性，从而可以结合学生兴趣与能力差异，给不同学生提供多角度学习及深入学习的可能。

从研学受众而言，主题意味着"建构"。学生的收获是建构而成的，而不只是复制知识。学生是带着原有知识和经验参加研学，他们以此为基础，参与到不同形式的学习中，去构建新的认知。研学不应该只是既有经验的强化，不同学科的知识复习，或新知识的获得。好的主题，应更利于学生建立相应的学习逻辑与框架，从而完成自我认知结构的重组，获得有意义的学习。

我们来看两个例子。

中共三大会址纪念馆"点燃理想之光"（如图1）研学课程以中共三大会址纪念馆、杨匏安旧居、中共中央机关旧址——春园为主要研学目的地，以参与中共三大会议的主要人物为线索进行课程设计，旨在立体呈现革命党人在追求与践行革命理想过程中的担当与奉

图1　理想放飞仪式（中共三大会址纪念馆"点燃理想之光"青少年研学）

献，从而唤起对革命先行者们凛然气魄的崇高敬意，进而提升学生树立远大理想的信念与信心，为理想铺路，为未来赋能。因为中共三大是毛泽东、李大钊、陈独秀唯一共同参加的党代会，所以选取了中共三大中的革命人物为独特切入点，再从这些人物当年的理想追求、道路探索等角度凝练出"点燃理想之光"的主题名称。该主题整合了历史事件、榜样人物、革命遗址的信息，建构了青少年追求理想信念的探索路径。

另一个是连州"写意山水"主题研学（如图2）。连州因山川得名，有"连万山为一山，连众水为一水"的说法，自秦汉时期就是中原往来岭南的门户。自然特质明显，如秀丽的山水峡谷、大面积的喀斯特地貌等等。人文遗存丰富，如秦汉古道、古村落、老茶园，还有刘禹锡、韩愈等人南迁留下的诗文足迹等等。"写意山水"的主题设定从形成原因、美学价值两方面挖掘连州山水的独特价值。同时，

图2   连州"写意山水"主题研学学生作品（广东省博物馆"驿路同游之秦汉古道与粤北文化"
　　　主题研学）

结合传统山水文化的解读，延伸探究古代文人以山水为师、顺应自然的精神追求，
并思考山水文化在当今城市中的应用价值。该主题兼顾了连州的自然属性和人文特
质，整合了连州众多的研学元素，通过山水诗文欣赏、地理考察、户外徒步、艺术
创作等，建构了从自然到文化现象的探索路径。

二、挖掘独一无二的研学主题

所谓现场教育，不是学生从坐在教室里，变成在博物馆里的或在古驿道上简单
的教学场景切换，而是由于教学场域改变后，教学的主题、内容、形式也会随之发
生根本性改变。

要想判断一个课程是否因地制宜，有一个非常直观的方法，即该课程是否融入
该地独特的地域文化和自然环境。我们举一个土壤调查的通用型课程与针对型课程
对比实例：

表1 土壤调查的通用型课程与针对型课程对比

	通用型	针对型
学习目标与能力培养	了解不同土壤的基本特征、性状与区别；基本了解不同土壤的收集及辨别方法；进一步了解土壤与人的关系。	了解生态茶园土壤小动物的种类，推算茶园生态循环和种间关系。
学生理解问题	1. 什么是土壤，什么不是土壤； 2. 掌握土壤相关实验的基本方法； 3. 哪些土壤对人类有用。	1. 掌握土壤小动物的调查方法； 2. 利用观察法，了解生态茶园如何实现绿色生态。
学习活动步骤	1. 用收集瓶收集土壤并贴上标签。 2. 引导学生根据实验过程填写调查报告。 ①颜色、质地：引导观察并填写结果； ②渗水性实验：往土壤上浇水观察产生的现象，吸收快还是慢，有无产生异常（如出现泡沫）； ③坚固系数：查看附表； ④酸碱性：将土壤在水中稀释以后，用pH试纸的测试端蘸上稀释的水分，等待试纸显色后，对比酸碱度数值，来确定土壤的酸碱性。 3. 根据上述指标分析哪种类型的土壤对农民种植更有用。	1. 茶园土壤小动物丰富度调查： ①制作取样器（用易拉罐）； ②取土样（扫去表面落叶），将土样倒入塑料袋并做好标记（取样时间、气温、方位、周围主要环境）； ③采用简易分离法进行小动物采集，用70%酒精进行固定后，进行物种分类和识别； ④记录小动物种类。 2. 茶园的生态调查： ①分区域观察茶树周围植物的种类（拍照），结合小动物采集进行； ②分析相关种间关系（植物间、小动物情况等）。

　　由此可见，因地制宜的课程需要包括研学主题、研学内容、研学形式与研学现场的综合，而非单一要素的匹配，如图3所示：

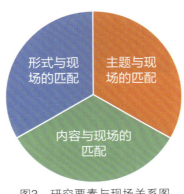

图3 研究要素与现场关系图

我们所说的现场，可以具体指每一个研学点，也可以指研学线路。

主题的确定，首先需要明确研学现场最具有差异性的资源属性，可能是具体的某个建筑、某个事件、某个人物，也可能是抽象的概念、理念、精神。再从知识与学科、核心能力与价值观的三维目标或核心素养的角度进行提炼，使其具有教育价值。

例如：在南澳岛，研学主题来自考察海岛生物特性，研究人与自然的关系（如图4）；在大埔泰安楼，研学主题可以来自探究北方四合院与客家围楼的关系与变迁（如图5），研究客家建筑语言；在英德茶厂，研学主题可与探查有机茶厂的组成要素有关。

图4　南澳岛海岛生物特性探究（广东省博物馆"驿路同游之潮汕文化"主题研学）

研学主题为整体课程提供纲领性的指导，研学内容与形式则是主题的具体体现及课程的外化手段。

研学内容主要指研学现场所能提供的内容与资源，包括知识点、流程、技能、体验

图5　大埔泰安楼客家建筑语言探究（广东省博物馆"驿路同游之客家文化"主题研学）

项目、硬件设施，等等。研学形式则是通过利用研学内容实施呈现的研学步骤、教学方法、学习方法等，大类来说主要包括讲授法、活动法。活动法又包括团建、实验、调查等形式。综上，它们的关系可如图6所示。

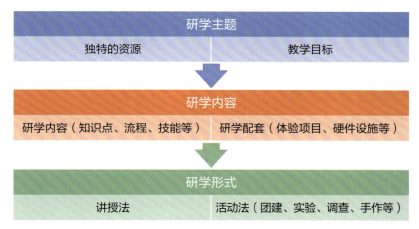

图6 研学主题、内容、形式关系图

三、设计相得益彰的研学形式

好的主题，更需要相得益彰的课程内容与形式。主题确定之后，研学内容与形式并非一蹴而就，其中需要我们反复自我提问：这个课程设计符合主题吗？在这里实施是否更具有优越性？现场还有哪些内容或资源可以结合？

> 我们来看几个例子：
> 1. 在名人故居，因其主人曾是汉学专家，现场组织一系列中华传统文化课程（如蹴鞠、飞花令、甲骨文学习）；
> 2. 在学宫，通过地上麻石研究古代运输物资的方法；
> 3. 在某大学校园，写一封给未来的信；
> 4. 在各个研学点，画一幅画、写一篇感想或画一个思维导图；
> 5. 在人文历史遗迹，组织诗词吟诵活动；
> 6. 在某摩天高楼、最美地铁，讲述世界其他高楼或地铁的建成故事。

这类例子还可以举出很多。不可否认，这些活动在执行到位的情况下，也有其价值。但这些研学形式，几乎在任何的同类地点都可以实施，并不符合因地制宜，更谈不上匹配主题。总结下来，有以下几方面的原因：

1. 以偏概全，泛化研学主题

该类研学活动没有将研学点相关史料与内容融会贯通，而是从某个点以偏概全作为课程主要的实施方向，泛化课程主题，让课程主题失去在地资源独特性。例如从某位汉学专家或国学大师延伸到各种传统文化的课程或游戏，全然不管蹴鞠、飞花令、甲骨文学习等与该人物是否有关。这是因为对研学资源没有吃透，所以只能在学科大概念或内容所属的大类别上做延展。

2．研学形式探究性不足

该类研学活动没有设计更具有探究性的研学活动，没有真正实现研学中的"研"。因此，较难在过程或结果上帮助学生形成对某个知识点的真正理解、某种技能的掌握、某种情感的升华。也就是说，有了教学主题，但由于内容与形式没有配合到位，从而模糊淡化了教学主题。例如涂色、做小手工都是学生容易参与的活动，但探究性有限，很难链接到更有意义的研学目标。上述多个例子都涉及这方面的问题。

3．错位引导，误导研学主题

该类研学活动以其他更具有代表性、史料更丰富的研学点信息代替现有研学点介绍。例如，本应是大革命时期的介绍错位到抗日战争时期，湘子桥错位到赵州桥的探究等。

那么，在研学设计时，如何让研学内容、形式与主题更相得益彰呢？

我们可以参照格兰特·威金斯《追求理解的教学设计》[1] 中的课程设计模板来检验主题、内容和形式的匹配性与"因地制宜"。下表为根据格兰特·威金斯的设计，结合实践所做的调整设计：

_____研学（主题名）之_____（研学点/研学板块）教学设计

研学主题	
理解： 学生将理解…… ●期望他们获得的特定理解是什么？ ●可遇见的误解是什么？	基本问题： ●什么样的启发性问题能够促进探究、理解和学习迁移？
能力：（学生将会知道、学生将能够做到） ●学生将会获得哪些关键知识和技能？ ●习得这些知识和技能后，他们最终能够做什么？	
学习计划	
一、学习活动设计 1．活动/任务实施步骤。 2．注意事项。 3．物料准备/现场配合。 二、学习单/任务卡问题设计 1．……	

我们借用以上的设计模板，以南澳岛总兵府为例，来说明研学设计要如何与主题匹配，并在整体上达成"因地制宜"。

南澳岛总兵府：广东汕头市南澳岛处于高雄、厦门、香港三大港口的中心点，地理位置独特，处于粤、闽、台三省交界海面，素有"粤东屏障、粤闽咽喉"之称。南宋皇帝、南明监国鲁王、航海家郑和、民族英雄戚继光、郑成功、刘永福都来过南澳岛，留下了古宋井、招兵树、雄镇关等许多历史遗迹。南澳岛历来是东南沿海通商的重要节点，也是对台和海上贸易的主要通道。"南澳Ⅰ号"明朝古沉船佐证了南澳岛曾是"海上丝绸之路"的重要门户。南澳总兵府最初建于明万历四年（1576年），自清康熙二十四年（1685年）起，负责闽粤两省及台湾、澎湖海防军务。

南澳岛"人与自然"研学之"海防治理"教学设计（高中）

预期结果	
理解： 学生将理解…… ●大概念：社会基层管理。 ●特定理解：从碑文、海防图、人物故事了解明清时期南澳岛的管理制度、生产建设、人民生活等方面的内容。 ●学习最大的误解：社会治理是简单的事情，而不是系统的工作。	基本问题： ●为何明万历年间在南澳岛设立总兵府？ ●明清时期，南澳岛的管理难度体现在哪些方面？ ●明清时期，南澳岛有哪些有效管理的措施？影响如何？ ●对于社会基层管理有哪些启示？

能力：（学生将会知道、学生将能够做到）
●作为本单元的学习结果，学生将在史料实证、历史解释、家国情怀等方面得到培育。
●习得这些知识和技能后，学生能够从史料中提取有效信息，作为历史叙述的可靠证据，并据此提出自己的历史认识；能够以实证精神对待历史与现实问题。

学习计划

一、授课内容列举
1. 利用总兵府内《南澳设镇前粤东形势图》，梳理南澳岛相关重大历史事件（隋朝三次到琉球、陆秀夫抗元、明朝海禁、戚继光抗倭）。
2. 引导学生构建南澳岛在明清时期的基层管理的思维导图，提醒学生在府内寻找史料解决问题。
3. 让学生在规定的时间内解读总兵府内提供的史料，还原清朝时期南澳岛的社会面貌。

（续表）

二、学习活动设计
1. 任务实施步骤：①学生自行分为军事组与民事组。②民事组在总兵府碑墙、勤政廉政厅等通过原始史料，寻找粮食、人口、教育、救济、费用等问题的解决办法。③军事组根据清朝大炮特点和南澳岛沙盘，设计放置300门大炮的最优方案。④进行组内分享，帮助其他同学对清朝南澳岛的治理有一个全面的认识。
2. 注意事项：提醒学生小组协作，在规定时间完成任务。
3. 物料需求：略。
三、学习单问题设计
1. 古代社会生产力水平相对低下，加上南澳岛作为一个边陲海岛，人民生活更是缺少保障。南澳岛的政府力量与民间力量如何为民众提供生活保障，保证生产活动正常进行。
2. 作为军事要塞，南澳岛应该如何进行军事布防才能发挥最大的军事价值。

注：广东省博物馆"驿路同游之潮汕文化"主题研学"南澳岛总兵府"研学设计，由广州市第十六中学林燕名老师提供。

以上教学设计模板，仅是为了向大家举例说明研学设计与研学主题、在地资源的匹配度，关于研学教案设计的具体说明可参考后续文章。

四、以黄埔军校研学为例的不同研学主题设计对比

下面，我们以黄埔军校为主题的三份课程设计，来对比其中差异（篇幅考虑，以下设计说明以简述为主）。

黄埔军校：1924年，在国共两党首度携手合作、国民革命风起云涌之际，孙中山先生高瞻远瞩，视"教育为神圣事业，人才为立国大本"，在广州组织创办了一文一武两所学堂——"国立广东大学"（今中山大学）和"中国国民党陆军军官学校"（即黄埔军校）。

课程主题一：从黄埔军校看军事战术

课程板块	课程内容与形式简述
军事思想及战术实训	抗日游击战思想的形成、具体战术内容和战术总体评价。首先，介绍抗日游击战思想形成和开展背景。其次，以山东为典型案例，结合具体沙盘实践，理解山地游击战、平原游击战、水上游击战三种类型及其具体案例中的战术选择、战术内容和作战效果。最后，总体上评价抗日根据地游击战战术。
情报学体验	在简单介绍情报工作的含义、历史发展的基础上，展示常见的情报传递方式、中共地下工作者的日常工作内容，并进行情报工作的模拟。

课程主题二：黄埔爱国、革命精神

课程板块	课程内容与形式简述
团结进取	1. 情境式导入课：通过正门、卫兵亭、沙盘、走马楼等几个关键节点进行背景导入。建立对黄埔军校在地理位置与历史地位上的基本认知，并通过走马楼等标志性建筑与背后故事解读"团结"内涵与外延。 2. 问题提出：引导学生形成自主的探究问题。 3. 团建活动：通过团队定向活动，身体力行地让学生体会友爱、互敬、团结的真意。
精益求精	1. 互动式导览：问答式与学生探讨军校发展历史、科目设置及学生学习情况。 2. 手工制作：通过编草鞋、画马口铁水杯等军旅生活物品再创作方式，体验其中精益求精的治学精神。 3. 拳术体验：结合洪拳、咏春等拳术体验感受习武场景与精气神的体现；通过系列手作体会"精益求精"的精神气质。
至诚修为	1. 场景学习：通过对黄埔军校生活与教学场景的感受，建立对军校历史的立体认知。 2. 仪式感教育：通过仪式感等教育手段（换岗、晨起等）深化军校精神理解。
黄埔风云人物录	1. 人物故事讲解：以人物描绘，精炼体现黄埔人文精神与学员道德修养。 2. 情景剧创作：通过几个典型片段的再演绎，以戏剧化方式再现场景，从而深层次引发学生情感共鸣。

课程主题三：黄埔军校"特别的一课"

课程板块	课程内容与形式简述
"特别的一课"之政治课	1. 黄埔军校学员入学仪式体验。 2. 通过制作《新黄埔日刊》和表演"新血花剧社"自创短剧《奋勇向前，荣光起点——徐向前与黄埔军校三幕剧》的形式，体验黄埔军校当年生动多元的政治教育形式，以黄埔新学子的视角探究军校历史。 3. 模拟当年的黄埔学子，同学们将自己关于军校、学习、人生、未来的问题投入"政治问答箱"中，以开放讨论的形式活化"政治问答箱"。
"特别的一课"之军事课	1. 黄埔军校学生，在校期间参加了东征和北伐战争，这也是他们通过实战逐渐成长为一名优秀革命军人的关键一步。 2. 黄埔军校的军事教育强调实践锻炼，真正做到"知行合一"。通过"平定商团叛乱""东征之淡水之战""北伐之武昌战役"的重要情节重现与团建体验，同学们在"枪林弹雨"中继续"特别的一课"。 3. 通过模拟平定商团叛乱、两次东征、北伐战争中的三次重要战役的作战经过，让黄埔军校爱国、革命的精神由此变得真实可感。

以上课程设计的教学目标都为初二学生，综合以上三个不同的课程主题设计，哪一个的课程主题更为"因地制宜"呢？我们先不考虑实施学时差异，更多从研学主题、内容、形式设计与现场结合度的角度来分析。

课程主题一：从黄埔军校看军事战术

第一份涉及战术与情报学学习的课程设计，围绕着军事这个角度来开展教学，有其可取性，技术性也较强。但细看研学内容，在"战术实训"课程中，结合沙盘实践讲解山地、平原及水上游击战几类作战模式并非黄埔军校涉及的战术、战役内容。"情报学"则讲述情报传递、地下工作开展的相关方法，更多以抗日战争时期为讲述重点，与大革命时期身处长洲岛的黄埔军校关系不大。整个课程基本陷入了"以偏概全""错位引导"的盲区，在研学主题、内容与形式上都没有"因地制宜"。

课程主题二：黄埔爱国、革命精神

第二份以黄埔军校倡导的精神串联的课程设计，在现场结合度上又有了进一步的提高。通过手作、团建、情景剧等形式体会黄埔爱国、革命精神的不同维度。研学主题与内容高度关联，但研学活动形式与主题的匹配还有待提高，如"编草鞋""画口杯""咏春拳"这类活动，没有很好地烘托主题，独特性有所欠缺，探究性也略显不足。

课程主题三：黄埔军校"特别的一课"

第三份课程设计，来自黄埔军校旧址纪念馆所开展的"特别的一课"研学活动（如图7、8），可以说主题、内容、形式与现场高度关联。同时动静结合，既有从黄埔军校历史背景出发的静态学习，也有战术学术课堂体验的动态学习，与第一、二份案例不同的是，

图7　学生在演绎"新血花剧社"（黄埔军校旧址纪念馆"特别的一课"研学活动）

图8 学生在体验"东征之淡水之战"（黄埔军校旧址纪念馆"特别的一课"研学活动）

研学主题设计回归到军校课堂本身，通过复办《黄埔日刊》、重现血花剧社、演绎经典战役等多元形式，体验军校"军事与政治并重、理论与实践相结合"的教育理念，研学活动内容与形式从史实出发，呼应主题。在实践的过程中，让学生切身感受历史，情境化地理解黄埔军校的爱国、革命精神。

五、研学主题的设计步骤

所谓因地制宜的现场课程，首先需要对研学地点的史料及相关资源充分研读，从中提炼出核心的学习主题与目标，进而设计相应的研学内容与形式。其中，往往需要经过多个"设计—实践—反思—完善"的闭环过程。

第一步：**需要对研学点相应的学术资料进行研读。**资料需要选取可信度高的信息渠道，可以包括纪录片、研学点官方平台发布的信息、文献、书籍杂志等。这一阶段，可以和研学点现场考察交叉进行。

第二步：**列出可能作为主题的多个方向。主题方向应该有明确的重点，**避免前文所说的过于宽泛。

第三步：**对研学主题进行筛选评估。**针对年段，根据独特性、整合性、构建性几个标准来选择，这一过程中，除了删除不合适的主题，也有可能将原来预选主题整合出新的主题。经过这一步，建议保留2—3个主题。

第四步：**设想不同主题方向下的研学内容及研学形式。**内容与形式是否符合目标学段的要求、是否能引起学生兴趣、是否具有可操作性。

第五步：**给主题取一个响亮的名字。**

第六步：如多个主题难以取舍，也可以考虑**将不同的主题匹配不同的年段，**或者作为系列课程的延伸规划。

我们再来通过以下的例子，讨论研学主题形成的过程，看一看以下的研学主题及内容形式的设计是否"因地制宜""相辅相成"？

表2　研学主题的筛选与确立

研学点	探究主题筛选	教学主题	教学内容与形式
镇海楼	城楼的修建与保护 城楼与城防体系 古城楼故事 古城楼建筑特点	营建镇海楼	1. 镇海楼营建背景 2. 镇海楼测绘 3. 镇海楼模型搭建
马坝人遗址	考古遗址发现过程 原始人类生存 原始人类发现历史 寻找马坝米	原始人在马坝	1. 原始人类生存环境现场观察 2. 旧石器与新石器生存方式对比（食物获取、居住方式、祭祀行为等） 3. 原始人生存大挑战
梅关古道	古道修建 古道商贸 古道诗文 红色古道	古道兴替及南北通融	1. 张九龄重开大庾岭历史背景与工程模拟 2. 南北往来驿道路线、货物品类、经济影响等 3. 往来名人故事及影响
三河坝战役纪念馆	三河坝地理位置探究 三河坝战役与井冈山会师 三河坝与朱德	从三河坝到井冈山	1. 三河坝地理位置的重要性分析 2. 三河坝战役推演 3. 从三河坝到井冈山的革命路径
港珠澳大桥	桥梁类型探究 港珠澳大桥建造难点与解决方式 致敬桥梁工程师 跨海大桥的技术发展	一桥飞架伶仃洋	1. 港珠澳大桥建造背景 2. 港珠澳大桥建造过程 3. 跨海大桥的技术发展 4. 跨海大桥搭建体验

就当前来说，学生们能够走出学校的时间相当宝贵，如何能够让研学在有限的时间事半功倍？我们认为关键就在于现场学习的充分性，而这个充分性就需要通过研学课程与现场的高度匹配来实现。

让现场的学习不再是校内课程的简单迁移，而是让学生通过主题化的课程现场，切切实实地回归到这个世界的本质与多样性。

－ 注释 －

［1］格兰特·威金斯（Grant Wiggins），杰伊·麦克泰格（Jay McTighe）. 追求理解的教学设计［M］. 闫寒冰，译. 上海：华东师范大学出版社，2017：23-24.

捕捉"决定性瞬间"，达成研学目标

"决定性瞬间"（the decisive moment）是法国摄影家亨利·卡蒂埃·布列松提出的影响摄影界的摄影理念。[1]布列松更多通过观点而不是定义的方式来阐述说明这一具有划时代意义的思想。例如，1979年他为日本大阪艺术大学编印的《亨利·卡蒂埃·布列松作品收藏图录》所写的"寄语"中说："在这一瞬间，摄影是认识——这只能是一种在一瞬间实现的对事实本身，以及赋予此事实以意义的、并将之以视觉理解了的形态严谨构图的同时性认识，那是将自己的理性、眼、心情置于同一轴线上……"[2]根据后人解读，"决定性瞬间"是强调摄影师通过抓拍手段，在极短暂的几分之一秒的瞬间中，捕捉具有决定性意义的事物，并用强有力的视觉构图表达出来。[3]

图1　《圣拉扎尔火车站背后》（亨利·卡蒂埃·布列松，1932年）

先看图1，这张名为"圣拉扎尔火车站背后"的照片是亨利·卡蒂埃·布列松"决定性瞬间"的代表作品。前景的男人纵身一跃，与远景广告画面的舞者的跳跃动作形成极强的呼应与对比，形成了现实与梦幻交织的画面。

再看图2，这是一个志得意满的男孩，满载而归、喜形于色的表情溢于言表，而围观的女孩也烘托了整体欢快的氛围。

图2　《穆夫达街》（亨利·卡蒂埃·布列松，1954年）

一、研学中的"决定性瞬间"

周一枝在《布列松"决定性瞬间"的摄影审美哲学探析》一文中，用哲学的观点和方法论来重新解析"决定性瞬间"的审美哲学。从运动与静止、整体与局部，以及主观与客观的哲学角度来诠释"决定性瞬间"的内涵。这与研学的要义有许多共通之处。

周一枝提到："在摄影过程中，被我们拍摄的客观世界是不断运动着的，而快门所定格的瞬间却相对静止。这张记录了相对静止的作品如果能抓住表现事物一段时间内运动的本质，那么它就是被摄体的决定性瞬间。"[4]

同样地，研学是一个流动的过程，但在某个特定的课程或场景中，会出现一个可以被称为高潮的"瞬间"，这个瞬间可以诠释这堂课的主旨，可以引发我们的情绪反应，甚至可以变成长时记忆。

这一个瞬间，是多种元素的有机组合。正如布列松"把照相机当作速写本，更关注画面构成中各元素的关系"[5]。这与研学中的现场教学非常近似，研学是课堂教育的延伸，是利用与整合校外的教育场所开展的主题性或综合性教学。除了教学计划外，校外场合现场因素的组合与相互作用往往能带来意想不到的教学效果。这些现场因素包括了时间、地点、人物、教学内容、互动、氛围等，在特定事件的催化下引发出感动人心、发人深省的瞬间。

我们来看两个"决定性瞬间"的例子。

2024年是国共合作第一百周年。一百年前第一次国共合作所建立的革命统一战线，展现了共产党人高瞻远瞩、深谋远虑的精神品格。中共三大会址纪念馆以"勠力同心开新局"为主题开展研学游径。研学游径的最后一个点为国民党一大旧址。此前两个研学点的活动都是以组别比拼的形式进行，到了这里，大家融合为一个整体，实现"国共合作"。我们以握手仪式，表达凝聚力量，体现国民革命者共同进退、同心协力。

在其中一场的终场握手仪式之时，同学们郑重伸手，体会着这一次"牵手"的来之不易，导师在旁说明："我们纪念百年前的国共合作，更期待第三次以及更多的合作……"

不曾想，场外有十几位老先生一直安静地旁观。此时，老先生们热泪盈眶，纷纷向我们竖起大拇指。原来，先生们来自台湾，这次是回家看看。

此刻，海峡两岸心声共通……而这一幕，想必也会成为同学们久久不能忘怀的瞬间（如图3）。

图3　"勠力同心开新局"握手仪式（中共三大会址纪念馆"点燃理想之光"青少年研学）

港珠澳大桥是一座挑战世界难度的科技之桥，是中国桥梁史上技术最复杂、建设和环保要求最高的桥梁，是世界建筑史上施工难度最大、距离最长的跨海大桥。进行充分的行前铺垫后，参观超级工程现场成为此行同学们最难忘的回忆。在现场，大家搜寻大桥构件，分辨大桥走向，描绘桥体设计……

当船通过港珠澳大桥时，大桥的气势一览无余，让人不由惊叹工程之伟力，感念祖国之腾飞。伴随《我和我的祖国》歌声响起，同学们对理想的崇高感有了具象的理解。港珠澳大桥的建造纪录总会有被打破的一天，然而这一决定性瞬间，这份国力鼎盛的荣耀感，这种创造奇迹的感染力，将萦绕在少年们的心头。那是一种召唤：在未来的某一天，他或她也终将成为奇迹的主角（如图4）。

图4　港珠澳大桥研学（广东省博物馆"驿路同游之大湾区"主题研学）

二、为什么要抓住"决定性瞬间"？

当我们回顾少年时期，什么是最难以忘怀的？可能是一次得来不易的团队荣誉、一次特殊的敬礼、一次窘迫之下来自同窗或老师的相助、一次振奋人心的演说……这些在特定的时间、地点与同伴所经历的事情，激荡起我们内心的涟漪，由此对我们的精神世界与价值观产生长久的影响。这些经历变成了责任感、同情心、爱国情、荣誉感等道德情感，进而影响我们以后的态度、意志与行为。

因此，在研学过程中觉察或把握住"决定性瞬间"，第一，**能自然而然地达到三维教学目标中难度最高的情感态度与价值观目标**。前苏联教育家赞科夫说过："教学法一旦能触及学生的情绪和意志领域，触及学生的精神需要，这种教学法就能发挥高度有效的作用。"而研学旅行恰好可以提供丰富的契机，"让学生在真实情境中直面对象，全身心与之相遇，以所有感官去感受，从而接受强烈、鲜明的刺激，产生直击心灵的效果，进而激发相应的情感"[6]。

第二，**能有效地增强团队凝聚力**。根据社会心理学当中的"社会同一性或认同理论"，大家在共同的行为认同与精神共振下，更易于达成某种团体的约定与一致性。

第三，**从课程学的角度，课程有显性与隐性之分**。显性课程即按教学计划实施的课程，而隐性课程包括以教学理念为主的观念性课程、以教学环境与场景为主的物质性课程、以教学制度与团队规范为主的制度性课程，以及师生关系的心理性课程。在"决定性瞬间"中所形成的就是隐性课程里由教学理念、教学物质环境、教学制度以及师生关系所构建的特殊教育场景下的有意义的"绝对瞬间"。

这些记忆能够长时间地产生影响，其原因可以用巴德莱（Baddeley）的工作记忆模型来进行分析。工作记忆主要的构成系统是视觉空间模板和语音环。视觉空间工作记忆可被进一步分为视觉与空间两个子系统。两者与视觉注意均紧密联系[7]，而在一个"决定性瞬间"里，视觉空间记忆由于受众的视觉注意力增强而增强，并在记忆深加工之下，为成为长时记忆及调取提供了可能。

三、怎么把握"决定性瞬间"？

对于摄影来说，"在抓取画面的那一瞬间，我们依靠的仍然只是直觉。这一直觉是理性与感性的结合，情绪在一瞬间被激起，同时也伴随着拍摄者过往的沉淀"[8]。研学中的导师也同样如此。基于直觉，基于过往的教学观察积累，基于敏锐的洞察力，教师便更能意识到一个"决定性的瞬间"。

当教师们意识到正在面对一个"决定性瞬间"时，要怎么做？情感态度与价值观的引导教育重点在于一个"真"字，需要顺应氛围，因势利导。作为教师，首先需要触动自我，敏锐地察觉到其中的情绪流动，没有触动、没有情感波动，就不具备"决定性瞬间"的先决条件；其次，需要理性地快速分析，比如这个场景意味着什么？可以给学生怎样的引导和帮助？

教师的应对方式，有可能生成一个"决定性瞬间"，也可能创设"决定性瞬间"后的另一个"决定性瞬间"。

想要有效把握"决定性瞬间"，仪式情境与言语引导都是可以采用的方案。其中，短促有力的仪式，如升旗礼、致敬礼、感谢礼、立志礼等等，都能够让研学过程充满意义，同时回应与提升研学目标。下面我们通过案例来细说。

方式一　仪式情境

案例：武江边的升旗礼

时间：2019年10月1日，中华人民共和国成立70周年

背景：坪石，地处粤北韶关，历史上曾被誉为广东八大重镇之一。1940年抗战期间，以中山大学为代表的一批广州学校迁至乐昌坪石办学，使其一跃成为华南新兴的文化区域乃至华南的教育重地。而身处坪石的先生们——创作出划时代的成果的近代巨擘，是一群居住于简陋民宅、授业于田间乡野、无怨无悔奉献自我的先师。他们当中，有中国图书馆学家杜定友，中国小提琴音乐的开拓者马思聪，中国马克思主义经济学开拓者之一的王亚南，中国核能之父卢鹤绂，中国电影导演、著名画家、作家许幸之……

学员：广州及坪石当地学生

研学安排：到达三星坪村后，在中山大学工学院旧址中，以团建形式追溯当年师生们生活学习的各种场景。

武江边的三星坪码头，1941年，师生们正是从这里上岸，续写了一段抗战时期的教育传奇。流水潺潺之间，同是莘莘学子，往日的景象与今日的武江水交叠在一

起，当年的烽火课堂又与今日一方安宁的课桌形成鲜明的对照。恰逢国庆日，此时此景，我们该做些什么？

简单商量后，我们拿出随身携带的国旗，面向秀美的武江来一场特殊的升旗仪式。这既是向共和国致敬，也是对当年学长及先师们表达相惜与敬意，更是对薪火相传不言而喻的应和（如图5）。

"长河无声奔去，唯爱与信念永存。"

图5　武江边的国旗礼（广东省博物馆"驿路同游之你好，坪石先生"主题研学）

方式二　言语引导

另一个"决定性瞬间"的升旗仪式发生在2017年8月的美国营地。在这个营地里，80%都是美国中小学生，中国孩子在其中并不显眼。然而在一次Talent Show（才艺表演）上，中国学生的才艺展示以及现场良好的修为，引起了校方的注意。校长这才意识到原来还有一群优秀的异国学生，于是安排秘书取出中国国旗，在第二天的晨会上，两面国旗在美国的营地上同时升起……（如图6）

图6　美国营地同时升起的两面国旗（2019年暑期美国东岸夏令营）

这一次特殊的升旗仪式之后，学员们之间形成了空前的默契与团结，并时时以优秀团队为表率。更让我们欣喜的是，学员中的W同学因为想家，在初到营地的前四天，每晚都需要在父母的电话陪伴下才能入睡，升旗仪式之前甚至已经到了可能需要提前离开营地的境况。W同学并非平平之辈，他成绩优异，数学成绩尤其出类拔萃。对于这次升旗仪式他没有多言，但仪式后他却决定不提前离开营地，并且在随后的时间里，逐渐成为团队的核心骨干。

升旗仪式带来的悸动在同学们心中流淌，难以言表。出了营地以后，我们展开了这样的对话：

师：大家觉得在营地里，你们是特殊的一个群体吗？

生：是的。在营地里，我们人数少而且是外国人。

师：在营地里还有其他特殊的群体吗？

生：有的，有一群好像身体有缺陷的孩子也在里面。

师：那通过你们的观察，他们怎么参与到营地活动中？

生：有服务犬以及专门的志愿者老师帮助他们。另外，每次活动的时候，学校都会一直和我们强调，不要专门用眼睛看他们，当他们表演或参与完活动，要给予肯定而真挚的掌声。

师：你们这么做了吗？

生：当然，而且他们表现得确实很好，特别在Talent Show上。

师：所以哪怕一个特殊或少数的群体都有发声和被尊重的权利，是吗？这种被尊重与被肯定，一方面，依靠的是社会平等对待每一个小群体或个人；另一方面，也是更重要的，是依靠你们的努力让别人看到你们的闪光之处。就像这一次，因为你们友善对人，你们在某些方面足够优秀，你们积极地为集体做贡献，所以你们被看见、被肯定，我为你们感到自豪。

总结：无论何种情境下，都请珍惜这面因你而升起的国旗。你为她而骄傲，她也为你骄傲。当国旗升起的那一刻，我们都会明白"祖国"两个字在我们心中的分量。

还有另一场意料之外的"决定性瞬间"。

案例：美国大都会博物馆里的质问

时间：2017年8月20日

地点：美国大都会博物馆东亚馆

学员：广州中小学生

当走到美国大都会博物馆展出的13世纪山西洪洞石窟广胜寺的《药师经变》壁画（如图7）面前，Sam老师开始讲述其来历："这幅元代时期的代表性壁画，画工精湛，构思精巧。1928年，以舍画保寺之名，被切割售卖……"说到这，学员们忽然炸锅，

图7　美国大都会博物馆里展出的13世纪山西洪洞石窟的《药师经变》壁画

一种愤慨情绪迅速蔓延。面对其他展品也都有了"这是不是也是被他们强行买下来"的质疑，讲解已然进行不下去……

我们不得不停了下来，意识到得回应些什么了。教育工作的需要，就是尽可能将每一个冲突点、矛盾点转化为教育的契机。

师：对于刚刚药师佛的壁画，如果有三种结果：A是原封不动保存在山西洪洞石窟里、B是保存在大都会博物馆、C是被彻底毁坏，其中最好的结果是A，那最坏的结果呢？（学生回答：当然是C）。所以作为这么一件凝结了中国人智慧的世界性的文化遗产，1000多年以后，我们还能见到它，是不是也是一件幸运的事情呢？

另外，我也请问大家，当时这幅壁画为什么被低价买走？就像敦煌文书也被大量买走运走？除了掠夺者厚颜无耻，看管人贪钱昏庸以外，还有什么重要的原因？（学生回答：当时中国太弱了）是的，这放在今天是不可能的事，所以大家接受不了。现在我们国力强盛、制度健全，我们前辈所做的一切就是让这些事情不再重演，而我们在这里学习，更是要思考如何让历史不再重演。

……

或者对于以上问题的回应与引导，大家会感觉已经脱离了课程本身，不属于研学教师授课的范畴。然而，研学是面对社会的学习，研学教师除了内容教学以外，结合自我的人生阅历，综合研学现场这个小社会所经历的事件，进行恰如其分的引导，才是实现全人教育目标的重要实践。

在共情基础上，语言性的策略，可以参考以下的方向：

（1）选择法。通过选择的方式，引导学生说出自己的见解与思考，顺势而为开展总结。

（2）分享法。从个人的角度，平等地分享自己的感受，引发学生的思考与反馈。

（3）举例法。列举类似情境下的学生行动，形成对比、参照，或者以讲故事的方法发人深省。

总之，语言策略不需刻意，有感而发即可，而"决定性瞬间"也并非都需要应对，有时候一个真诚的拥抱、一个鼓励的眼神、一个有力的点头，都是非常有力量的回应。

最后，或许你还想问，"决定性瞬间"可以专门制造吗？答案是肯定的。通过流程、话术、音乐、氛围的精心设计，学生们被带到某种教学情境中，其中的高潮部分就是"决定性瞬间"。例如在开营仪式、戏剧演绎、结营演说上，我们都有可能去设计这样的环节。但我们更倾向于谈论没有被专门设计的"决定性瞬间"，它更真实，是所有人共同参与创造出来的。它因为没有被预知而充满惊喜感，从而成为点睛之笔，成为我们研学旅行中最难忘也最有意义的那部分记忆。

- 注释 -

[1] Henri Cartier-Bresson. *The Decisive Moment* ［M］. New York：Simon & Schuster，1952.no pagination. 该书由巴黎灵韵出版社（Edition Verve）和纽约西蒙与舒斯特出版社（Simon & Schuster）分别以法文和英文两个版本同步出版。当时此书的法文版书名为《悄悄拍到的照片》（*Images a la Sauve1le*），在出英文版时，编辑从布列松引用一位宗教人士的"世间万物皆有其决定性瞬间"话中得到灵感，将英文版书名定为《决定性瞬间》。"决定性瞬间"这个中文译名最早出自《法国摄影家普勒松来我国摄影》，《中国摄影学会通讯》1958年第12期。

［2］顾铮. 都市摄影大师列传之十二——卡蒂埃—布勒松：巴黎的"决定性瞬间"［J］. 中国摄影家. 1998（3）.

［3］刘艺鑫. 精准时机·空间组合·故事意义——对布列松"决定性瞬间"理论的解读［J］. 旅游与摄影. 2021：103-107.

［4］［5］［8］周一枝. 布列松"决定性瞬间"的摄影审美哲学探析［J］. 美与时代（下）. 2021：62-64.

［6］毛齐明. 体验取向下研学旅行课程活动设计［J］. 湖北教育. 2022（3）：5-7.

［7］黄曼冰. 论Baddeley工作记忆模型发展［J］. 桂林师范高等专科学校学报. 2015（1）：140-143.

走出误区：基于教学目标的
文博类研学活动设计

在素质教育背景与政策引导下，近年来，国内中小学研学持续升温，表现出形式多样、内容丰富、学游结合等特点，越来越多的中小学生投身其中。但一系列问题也较为突出，例如："游而不学"，以研学之名开展春秋游，组织散漫，学生在研学点自由活动，无实际研学组织；"有导无学"，只提供基本导览，无完整的教学设计、实施大纲与研学手册，学生走马观花，无法达到深度研学效果；"研而无别"，针对所有年龄段皆采用同一套研学方式，无法真正落实因材施教……

类似这样的例子还有很多，比如：某校组织一次户外拓展类的研学活动，旨在增强团队凝聚力和合作意识，其中包括了攀岩、绳索挑战、团队合作等项目，大量学生参与其中。然而，由于活动组织者并未设定明确的教学目标，只是简单地将各种挑战项目组合在一起，希望通过这些活动来增强团队凝聚力。缺乏教学目标和过程指导导致学生在参与活动时只注重完成任务，而忽略了团队合作、沟通和领导力等重要素质的培养，为了完成挑战而挑战，缺乏对活动背后意义的思考和领悟。最后，活动组织者没有对活动进行有效的评估和反思，既没有对学生在活动中的表现和成长进行评估，也没有对活动的效果和影响进行反思和总结。这样一来，活动的意义和价值就大打折扣了。

那么，问题的症结在哪里？又该如何化解？

一、研学活动设计框架

许多人已经认识到当前研学的局限所在，各方也提出不少的操作建议。研学需要确立明确的教学目标已经成为大家的共识，建立目标导向的设计框架就显得尤为重要。

由于研学活动的设计是一个各要素相互回应、不断迭代和优化的过程。基于教学目标的研学活动框架是为了精准定位学习目标，并据此设计学习活动，选择相应的交互方式、资源内容。最后通过评价反馈，为研学活动的开展提供优化策略，进而为学生提供更具个性化的指导。具体可以参照图1：

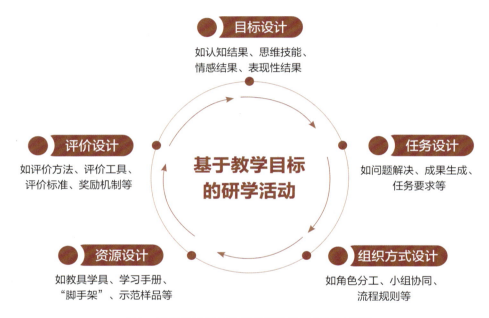

目标设计
如认知结果、思维技能、情感结果、表现性结果

评价设计
如评价方法、评价工具、评价标准、奖励机制等

基于教学目标的研学活动

任务设计
如问题解决、成果生成、任务要求等

资源设计
如教具学具、学习手册、"脚手架"、示范样品等

组织方式设计
如角色分工、小组协同、流程规则等

图1　基于教学目标的研学活动设计框架示意图

这一研学活动设计框架包含五大要素：

（1）**目标设计，**需要明确学习目标并选择其中的一种目标导向，即认知结果、思维技能、情感结果、表现性结果。不同的目标导向对其他四个要素的设计取向起决定作用。

（2）**任务设计，**如问题解决、成果生成和具体任务的设计，其中需要具体到问题拆分、时间要求、小组成果要求等。

（3）**组织方式设计，**即因任务而设计，包括角色分工、小组协同、流程规则等。其中，小组协同包括任务分工、职责分工等；流程规则一般包括游戏流程、交往规范、解决冲突的办法等。

（4）**资源设计，**包括教具学具、学习手册、"脚手架"、示范样品等。其中

"脚手架"类型包括信息铺垫、问题引路、操作情境等。

（5）**评价设计**，包括评价方法、评价工具、评价标准和奖励机制的设计。其中，评价方法包括形成性评价、总结性评价、同伴互评等；评价工具包括问卷、访谈、小组作品评价等；评价标准即评价的量规，包括定性评价和定量评价的标准；奖励机制包括奖励的方法、奖励的时机、奖励的形式和内容等。

二、基于不同目标的研学活动

首先，在编写教学目标时，运用一些涵盖各种类型学习结果的参照框架非常有帮助。以下框架是综合了布鲁姆的教育目标分类学以及韦伯的知识深度框架，并参考了其他的理论框架概括而成。表1清楚地说明了需要达成的学习结果绝不仅仅局限于简单的知识和技能结果，还包括复杂的认识结果、问题解决和表现性技能等，对于研学目标的编写具备很好的参考价值。

表1　教学各个领域和各个水平共同的学习结果类型表

学习结果	目标分类	具体行为
低水平认知结果	知识、领会、应用	回忆、翻译、解释、估计、比较、归类、应用
高水平思维技能	分析、综合、评价	辨认、分析、推断、联系、列式、产出、判断
情感结果	态度、兴趣、欣赏、适应	倾听、反应、参与、追求、表明、联系、尊重
表现性结果	过程、产品、过程和产品、问题解决	说话、唱歌、画画、计算、书写、证明、操作、表现、发明

注：出自《设计与编写教学目标》（第八版），作者：Norman E. Gronlund、Susan M. Brookhart；盛群力、郑淑贞、冯丽婷译，出版社：中国轻工业出版社。

先明确教学目标，再设计任务，用清晰的任务设计帮助学生朝着哪些目标靠近，这就是常说的逆向设计。只有做到这一点，设计者才能聚焦真正想让学生掌握的内容，避免为了活动而活动。

那么，基于不同目标的研学活动又是如何设计的？以下就四种学习目标类型展开说明：

第一种，低水平认知结果。低水平认知结果是面向知识、领会、应用水平上的目标，也是学生开展研学、进行思考的基础。知识，强调对学习材料的回忆；领会，即能解释学习材料或转换表述方式；应用，指能在新情景中使用材料。因此，常用的任务类型包括复述类、互动问答类、信息组合加工类等。例如在进行广州革命历史的授课时，学习目标是"知道广州解放的重要事件，领会广州人民为实现和平解放的斗争过程"，配套的任务设计是学生根据提供的老报刊模拟新闻广播，通过信息梳理、重组、加工、输出，实现学生对广州解放这段历史的掌握（见图2）。又如，为达成"了解广州抗日战争时期群众的抗日事迹"这一学习目标，设置的任务是上演广州抗日主题微剧场，学生根据资料对广州儿童剧团表演的抗日经历进行合理加工并复述，以此来领会这段特殊历史的意义（见图3）。两个例子中的组织方式为小组协同及角色分工完成信息的加工输出，过程中的资源包括知识清单、模板示范、匹配的教具物料等。

图2　模拟广州解放主题新闻广播（广东革命历史博物馆"红色广州 英雄城市"主题课）

第二种，高水平思维技能。高水平思维技能有很多不同的表达方式，包括批判性思维、创造性思维、问题解决等。其中问题解决中的思维活动就包括：识别问题、运用已有知识、收集新信息、组织和比较收集的资料、分析不同因素和关系、分类和判断可选方案、

图3　展示广州儿童剧团微剧场（广东革命历史博物馆"红色广州 英雄城市"主题课）

综合解决方案、采取行动等等。

因此，在以高水平思维技能为结果的教学目标之下，科学实验类、社会研究类的任务类型具有较高的匹配度。例如在"学宫红墙"主题研学中，为完成"验证红墙中颜色主要源于氧化铁"的学习目标，设计的任务是进行氧化铁的提取实验（见图4）。在设计前需要预设提取氧化铁的最佳方法，并明确提取方式、提取程序、实验步骤、过程中需要考虑的因素，以及最后呈现的结果状态。然而在实际操作中，遗憾的是各组在实验关键环节都出现氧化铁溶液浑浊的情况。经过分析实验失败的原因，才发现是氯化铁溶液没有经过过滤，导致二氧化硅等固体残渣残留，残渣与后来加入的氢氧化钠溶液发生反应，使溶液除了沉淀出氧化铁以外还产生了其他悬浮物，最终使溶液变得浑浊。此外，把组织方式融入实验的预设、实施与验证中，资源涉及实验方法、原理及示范等，实验过程的表现，尤其是实验成果的对比与总结分析是任务的评价方式。

图4　进行氧化铁提取实验（农讲所纪念馆"寻红记"人文与科学研学课程第二课"学宫红墙"）

又如，在中共三大会址纪念馆的研学中，为完成"探讨红色革命遗址与现代社区的关系"的教学目标，任务设计为东山社区的微调研。学生经过专业调研方法的基础学习后，在研学导师引导下制作观察大纲、调研问卷、访谈提纲，随后走进中共三大会址所在的东山社区，分组进行观察记录、问卷采集、对象访谈，从不同视角认识历史遗址与真实社区交融的现状（见图5）。通过三种方式的实地微调研，学生对于东山社区现状进行了分析，并产生了不同的评价。例如学生发现了东山社区的网红化现象，分析其网红的原因并总结这种现象的优劣：在有利于增加社区关注度的同时，也有可能消磨其历史文化的珍贵属性等，因此需要对其中的文化活动和景观布局等进行更有高度和温度的规划打造……整个微调研活动很自然地达成促

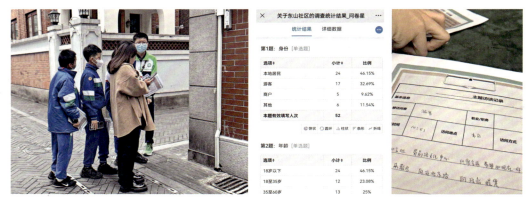

图5　东山社区微调研中的访谈（中共三大会址纪念馆"点燃理想之光"青少年主题研学）

进高水平思维能力发展的学习目标，包括分析了问题及相关议题，从可靠来源中收集相关信息，搜集他人对这个问题的看法，直到信息充分后，识别问题的成因和有利于问题解决的因素，最后提出个人的结论及建议解决方案。

第三种，情感结果。 情感结果往往是关于个体倾向、意愿、兴趣等方面的情绪和情感，常见的结果描述有态度、兴趣、欣赏、适应等。因此，团建类、仪式类、情境演绎类、沉浸类等任务类型常用于实现情感结果的教学目标。

图6　红布带致敬烈士仪式（广东革命历史博物馆"穿越1927广州起义"沉浸式研学）

例如，在广东革命历史博物馆的"穿越1927广州起义"主题研学中，由于纪念馆完整保留了广州起义的历史现场，课程整体采用沉浸式研学的形式进行。任务设计学生为起义队伍中的一员，完成从起义准备到建立政权的全过程。过程分为导入、分组情境式通关、快闪剧场、致敬仪式四部分。除了在历史原址中沉浸式体验线索收集、情报传递、

图7　团建模拟农军支援起义（广东革命历史博物馆"穿越1927广州起义"沉浸式研学）

军事训练等起义事宜外，过程中学生还被赋予了起义战士的身份，并在活动最后参与了表现广州苏维埃政府成立的快闪剧场，以及红布带致敬先烈的仪式（见图6、7）。通过角色的代入和仪式感的升华，学生比较自然地对广州起义产生了认知更新，以及对英雄广州的情感认同。

第四种，表现性结果。表现性结果有各种形态，有些是直观的，如说话、书写、大声朗读、画画和唱歌，有些是相对复杂多元的，如实验、辩论、艺术创作等。研学中的大部分表现性目标只涉及入门级的表现，并不要求精通的能力，目的是让学生掌握正确的程序，获得相应成果。因此活动设计的关注点要放在产出结果的实践过程中，过程中通过实践指导或提供途径，使学生有更好的表现。项目完成类、成品制作类的任务类型能较好地达成表现性结果的教学目标。

比如，在清晖园博物馆"少年造园家"主题研学中，其中一项任务是制作庭院微造景，要求通过山石盆景的方式"复刻"清晖园内的一处庭院，任务中包含现场测量、布局造型、部件制作等环节，需要通过协作才能完成。最后，还包括了过程性评价和成果性评价的两个维度：一是制作过程的规范合理，包括做到步骤清晰，选择合适的工具并正确使用，工作细致，高效利用时间，按时完成，等等。二是制造令人满意的成品，包括尺寸符合规格，布局合理，比例正确，有美感，有细节的处理，等等（见图8）。通过具体的表现和老师有意识地强化引导，学生通过真实的表现，呈现出各自对岭南庭院的造园技法及实用工艺的掌握，进而更好地欣赏和悦纳岭南园林之美，提升对本土文化的自信度。

图8　山石盆景制作岭南庭院微景观（清晖园博物馆"少年造园家"主题研学）

三、活动设计的共性考虑

不难发现，四类目标导向之下的研学活动设计在任务类型、组织方式、资料设计、评价设计中都存在一定的差别，但其中还是存在若干共通之处的。主要包括三个方面：

（一）活动任务需要激发学习动机

上文列举了基于不同目标的部分任务类型，这些任务类型已经被验证是有效的，适于应用在研学中，其最大的好处是能激发学生的内部动机，如引发好奇心、激发求知欲，使学生能饶有兴致地投入学习中。学生参与其中的原因应该是对学习本身感兴趣，而不是为了得到奖励或避免惩罚等。

好的活动在帮助学生形成某种思想意识和情感体验的同时，需要始终围绕着内在的学习目标展开，要避免走向形式化。而为了保持持续的学习效果，设计的任务需要依照一定线索向前推进。比如任务是以创作为核心的，那么就需要根据创作的流程来安排任务的次序，包括下达指令、掌握创作素材、投入创作、产出成果、进行交流或分享。而在整个推进过程中，学生得到了阶段性的收获，对于持续学习是很有帮助的。

（二）提供及时的反馈

不少的研究已经发现，反馈对于刺激学生思考调整自己的行动、挑战更难的任务起着重要作用。在研学中尝试设计更多针对教学目标的反馈方式，提高反馈的频率和密度，不仅有利于师生之间的沟通，更能让学生及时明确自己所处的情况以及学习进度，形成激励。

从表现形式上看，反馈有很多种，例如评选、积分、点评等。反馈的主体也是多样化的，包括活动本身的反馈（如做出成品、学会本领）、老师反馈、同伴反馈、外部反馈（如访谈者）等。学生可以通过这些反馈信息，调整自己的后续行动，最终达成目标。

由于研学活动很难检测到每位学生对相关内容的独立理解，我们需要更直观丰富的评价反馈方式，把时间交给学生，让其充分表达和展示，是有效实现反馈方式的重要途径，例如分享成果、开展答辩、进行选举、投票评选、决策行动等等。

例如，在岐澳古道完成徒步定向后，相应的任务是让学生针对岐澳古道的设施添置进行建言，并进行模拟论证。在模拟论证会中，各组学生需要先陈述各自建议及他们在古道上的观察所得，后列举需要添置的设施，并进行陈述说明。小组结束发言后，其他小组就会针对该组的陈述，对其必要性及可行性进行询问以及探讨，最后再以全员投票的方式推选出最优方案（见图9）。在这一活动中，学生以多种方式展现自己的思考，并收到来自老师、同伴、古道使用者的反馈，无形中促进了学生对岐澳古道建设这一主题更深刻的理解。真实、及时的反馈既激发了学生的表现，也为发现自我和他人提供了空间，为提升技能及学习能力创造了可能，某种程度上还激发了潜能和自信，兼顾了多维度的学习目标。

图9　岐澳古道设施添置模拟答辩会（广东省博物馆"驿路同游之大湾区"研学）

（三）资源设计与评价设计要因材而设

研学中很多承载的内容是相同的，但参与的同学存在不同的层次，有必要在活动中加以考虑并体现。这与因材施教密不可分，如何让学生"卷入"活动中，前提是让学生能在活动中找到立足点和发挥点，有自信有期待，比较直接的方法是让学生有自由的选择权，如表2：

表2　不同颗粒度下的因材施教对应课程示意表

颗粒度较大的因材施教	按照学生年段，例如小学、初中、高中及各年级设置相应的课程
颗粒度中等的因材施教	按照各年级里不同发展阶段与兴趣的学生设置相应的课程
颗粒度较小的因材施教	按照每个学生的特性来实施教学，根据不同学生的心理、智力、个性特点

> ### 任务 "器物里的韶关"
>
> 　　通过在韶关市博物馆中的学习，相信你对韶关的认识更深刻了。请你参照以下1—2个角度，在韶关博物馆中选择5件或以上的文物展现韶关的历史变迁、地域特点，并用配图＋说明的方式展示在下方空白处。
>
> 　　-对于韶关，你最期待了解的是什么？
> 　　-你认为哪一个历史时期的韶关最精彩，出现了哪些重要的事件和人物？
> 　　-韶关的发展经历了哪些阶段，其中有哪些因素促成了这些转变？
> 　　-在韶关的名人中，你认为哪些人作出了突出的贡献，这些贡献包括了什么？
> 　　-韶关地区内，有哪些独特的食物、风俗、建筑？

图10　"器物里的韶关"任务单（广东省博物馆"驿路同游之韶关风物"主题研学）

　　例如，在韶关博物馆研学中设计了主题任务"器物里的韶关"，学生需要在博物馆选择五件或以上的文物展现自己认识的韶关，并配图说明（如图10）。在活动过程中，学生的自主性和差异性得到了尊重，任务的完成呈现出更好的个性化和深入化。学生通过自由选择，构建了自己对于韶关的认知，成果也各有不同：有的写西周时期韶关生活用品技艺进步的故事，有的从韶关文人用品的图案变化中讲述审美变化，有的从文献记载讲韶关政治制度的变化故事……该活动以博物馆文物为主要资料，并提供了展览讲解、文物清单、范本参考等资源支持，保证了所有学生

图11　"器物里的韶关"活动成果（广东省博物馆"驿路同游之韶关风物"主题研学）

都有物可用，有感可发，让任务完成的宽度和广度可以由不同的个人取向和水平而决定，这是对学习者的尊重，也为各自学习收获的最大化提供了机会，有利于进行有效的评价（如图11）。

四、目标导向下的活动设计案例

　　辛亥革命纪念馆位于广州长洲岛，是为了纪念孙中山领导的辛亥革命活动而建的一座专题纪念馆。馆内基本陈列包括"开辟共和新纪元——辛亥革命主题展"和

"辛亥革命时期广东名人展",全方位呈现辛亥革命对中国近现代社会发展起到的巨大推动作用。

辛亥革命是中国近代史上一次伟大的反帝反封建的资产阶级民主革命,开创了完全意义上的近代民族民主革命,然而如何让学生理解革命及其意义呢?

由于本研学的教学对象是小学生,目标的定位在认知结果层面是比较适当的,即通过研学,学生能了解到辛亥革命中的重要历史事件及对当时社会和后世的影响,通过不同的方式呈现其认识,并把其中的精神内涵运用到自己的日常生活和学习中。

具体的设计关键是把"革命"概念具体化,并由此拟定"辛亥革新"为研学主题,内容安排如表3:

表3 "辛亥革新"主题研学内容安排简表

地点	内容
辛亥革命纪念馆展厅	✓展厅参观导览 ✓互动活动(学堂、外观、文字、思想等的变革游戏) ✓连环画创作《辛亥革命后的一天》
辛亥革命纪念馆广场	"变革所需要的条件"团建活动,在活动中体现接纳差异,拥抱变化,同时巩固学习内容与感悟革命精神
辛亥学堂	制作"21天习惯养成计划表",拥抱变化,迎接更好的自己

环节一 展厅参观导览

1. 重点讲述:(1)革命背景;(2)革命进程;(3)革命成果。以展览第六部分"共和新气象"为重点,讲述变革带来的巨变:从头上的发饰,到身上的衣着;从嘴里说的语言,到平时阅读的书籍;从孩童的学堂,到街市的买卖……

2. 导览总结:这正是当时的人努力接纳差异、拥抱变化、勇于改变的结果。

图12 展厅导览(辛亥革命纪念馆"辛亥革新"主题研学)

环节二　互动游戏，表达出我们所理解的变化

1. 小课堂重温革命前后人们的思想、着装、文字等的变化，通过变革游戏引导孩子们接纳差异，达成共识。

2. 小组为单位，以不同主题集体创作了一幅连环画《辛亥革命后的一天》，连环画以贯穿生活各个方面的主题组合而成，体现同学们对辛亥变革独特的理解与认识，展现孩子们转化抽象概念的学习成果。

图13　连环画集体创作（辛亥革命纪念馆"辛亥革新"主题研学）

环节三　团建活动，体验接受变化的重要性

设置名为"七手八脚""八仙过海""勇于尝试"等团建活动，通过完成障碍竞赛、分组接力、花式击球等游戏形式，让孩子们知道与人相处难免碰到各种情况，由此鼓励他们，要有接受变化的心态，并勇于走出舒适区，战胜困难。

图14　团建体验（辛亥革命纪念馆"辛亥革新"主题研学）

环节四 活动升华，"我需要变化，成为更好的自己"

孩子自主完成"21天习惯养成计划表"，给自己订立小目标，以科学合理的计划表形式，把拥抱变化、勇于改变自我实践到底，培养良好的个人习惯。

在以上四个环节中，设置了三个关键任务，即集体完成连环画《辛亥革命后的一天》、进行合作式团建

图15 完成"21天习惯养成计划表"（辛亥革命纪念馆"辛亥革新"主题研学）

"接受变化"、制定"21天习惯养成计划表"。三个任务始终紧扣着"辛亥革新"这一主题，在交互方式上采用了游戏参与、集体绘制作品、互动解说等。根据学生的认知能力，任务呈现出由浅入深的阶梯式递进，即从输入知识入手，到提炼精神，再而采取行动。

在课程的初始阶段，是先帮助孩子建立起史实的基础，即辛亥革命中有哪些"历史中的革新"，经过展厅导览以后，用绘画的形式让孩子表达自己对信息的吸收，画作标题《辛亥革命后的一天》为孩子设定具体的视角，使"革新"主题具体化，便于学生形成概念。

当学生对"历史中的革新"形成概念以后，需要把"革新"与自我产生联系，进入"自我的革新"层面，为了更好地呈现革新的过程，让孩子认识到"革新"其实是一个不断变化的过程，只要以积极的心态去面对变化，以不断的思考去冲破旧有的约束，就能在收获结果的同时对自我有更多的新发现。因此为了正面引导如何"拥抱变化"，课程中采用了团建游戏的方式。设定的游戏需要不停地更换玩法才能通关，其实是强烈的暗示，让孩子在没有压力之下，不断思考如何玩得更好，在分享时，孩子能够比较自然地提炼出其中的精神指向，即通过"拥抱变化"实现"自我革新"。

接受这一思想后，为了巩固和升华主题，实现一定程度上的"自我革新"，课

程的最后还以"21天行动计划"把"自我革新"具象化，通过设定革新目标，采用具体的做法，帮助学生建立起一定的决心，让每天进步一点点成为激励和鞭策，让"自我革新"成为实际行动，实现研学的最终指向。

在辛亥革命纪念馆的研学课程中，围绕着"辛亥革新"这一主题，以"变化"作为切入点，除了贯彻寓教于乐的知识收获模式，也对学生参加研学后的场景进行延展。在整个研学课程中，学生能"在情境教育中明理"，研学课程后也能"在律己中明德"，实现知识的实际运用与素质教育的持续培养，从"乐于接受"到"乐于改变"，从"历史中的革新"到"自我的革新"，最终这一主题也让孩子真正地得到收获。

以上示例及分析，旨在呈现研学活动设计框架的实际运用。具体的、有区分度的教学目标是设计者灵感和力量的来源，也是避免陷入"为活动而活动"的良方：首先，确定希望学生达到的结果；其次，设计出通往这一水平的探索步骤和任务类型；再次，考虑如何匹配相应的交互方式，提供让学生完成目标的资源；最后，有依据地完成评价。这样，学生才能在相应的学习路径中，像科学家发现真理那样，通过自己的探索和学习，达成低水平认知结果、高水平思维技能、情感结果、表现性结果中的一种或多种目标。

在"故事"中重塑：
文博沉浸式研学设计要素

故事，不仅仅传递信息与知识。

故事能够唤起我们的好奇心，给我们带来生活在别处的惊喜。

故事带着特定的文化背景，起承转合间有着角色的喜怒哀乐、挫折和成长，触发我们各种情感体验；通过故事，我们可以思考生活中的问题、探索未知的领域，并从中获得新的思维方式和解决问题的方法。

故事承载着我们的希望、梦想和价值观，与我们灵魂深处形成共鸣。

所以，人人都爱看故事。博物馆、文旅空间等各处场景都在努力讲好故事。

一、沉浸式体验为什么会流行？

近些年，沉浸式体验一直热度不减，这与出生于1995—2009年所代表的Z世代有关。尽管沉浸式体验并非年轻人的专利，但无疑，年轻一代在其中起着推波助澜的关键作用。我们先说体验偏好，"95后""00后"赶上改革开放的列车，享受良好的教育，有着超越上一代的丰富的物质与文化生活。这种丰富性，不再让他们"可望而不可及"，他们可以即时拥有、感受、体验。他们的消费观念也从物质符号化消费向价值体验性消费转化，新生代更注重故事、文化、体验所提供的情绪价值，以及其中对个人兴趣与价值的回应。体验是Z世代与这个世界相处的方式，而沉浸式活动正是实现体验升级的最佳途径之一。

我们再来看调查数据。

广东省博物馆协会的2022年广东省文博研学资源调研报告中，在评价受欢迎的博物馆研学形式上，接受调研的113所学校中，有69所曾经开展过博物馆研学。相比于学生曾参与更多的导览、讲座、观看影片，沉浸式戏剧体验/教育戏剧、体验互动装置设施、主题工作坊、夏/冬令营是当前更受学生欢迎的研学方式（如图1）。

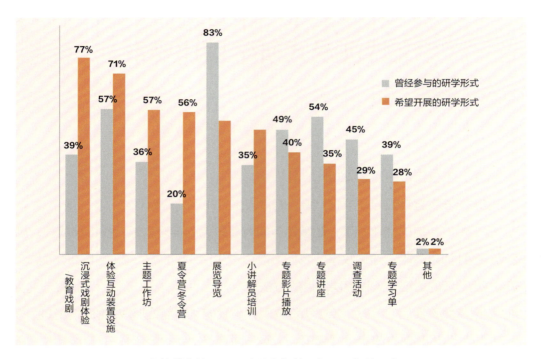

图1　学校博物馆研学形式的参与情况与开展期待（多选）
N=69（2022年广东省文博研学资源调研中曾经开展过博物馆研学的学校）
N=113（上述调研的所有被访学校）

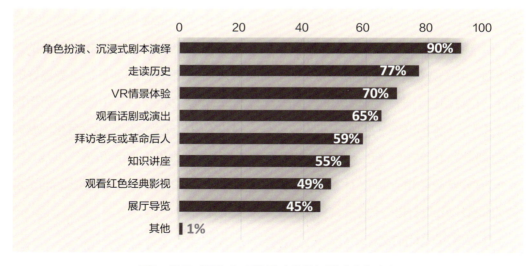

图2　学员对于红色研学活动的期望形式（多选）
N=449（2022年参与广东革命历史博物馆"穿越1927广州起义"研学且接受满意度调查的学员）

2022年参与广东革命历史博物馆"穿越1927广州起义"研学满意度调查中（如图2），参与调查的449名研学活动参与者认为：角色扮演、沉浸式剧本演绎的形式最受被访者追捧，有90%的被访者表示期待；其他可考虑开展的形式有：走读历史（77%）、VR情景体验（70%）和观看话剧或演出（65%）。

通过以上数据可见，"沉浸式"相关强体验感的活动对于博物馆研学，特别是红色主题研学活动，是非常受欢迎的形式。

二、沉浸式体验强调什么？

沉浸式体验最早来自匈牙利积极心理学家米哈里·契克森米哈赖（Mihaly Csikszentmihalyi）提出的"心流"（Flow）体验。契克森米哈赖发现在艺术和体育等活动中，运动员们常常获得一种愉悦忘我的体验。心流是指"人们如此沉浸于某项活动之中，以至于觉得其他的任何事物都无关紧要的状态；该体验本身是如此让人愉悦，以至于人们即使需要付出很大的努力也还是会去做，仅仅是为了做它"[1]。

契克森米哈赖通过大量的研究发现，人们对沉浸式体验特征的描述极其相似，将其总结为以下九个特征：清晰明确的目标、及时有效的反馈、挑战与技能相匹配、行为与意识的融合、注意力高度集中、潜在的控制感、自我意识丧失、时间感

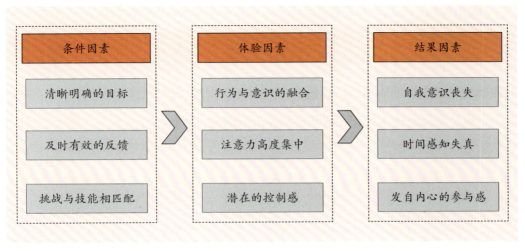

图3　沉浸式体验构成因素

知失真、发自内心的参与感。[2]诺瓦克（Novak）和霍夫曼（Hoffman）对这九个特征进行了进一步的整理，按照沉浸体验产生的不同阶段归纳为三类因素，分别是条件因素、体验因素和结果因素（如图3）。条件因素明确了引发沉浸体验的事件特点，体验因素说明了参与者沉浸式体验时的状态，结果因素展现参与者沉浸式体验之后的心理感受。[3]

沉浸式理论的提出为心理学者提供了一个研究人类积极心理的理论框架，为研究人类良好体验提供了一种新的理论依据，因此很快被运用到各种针对人的体验和服务的应用研究中，如游戏、购物、教育、娱乐等领域。

从教学方法来说，沉浸式体验可以有不同方式，例如团建、手作、互动游戏等，都可带来忘我体验。而本文更倾向于讨论上文调研提及的以角色扮演、剧本演绎形式开展的沉浸式研学，用游戏去讲故事，也就是我们通常所说的剧本游、剧本杀，但形式与内容比剧本游更多元，也更具有教育属性。

这类沉浸式研学融合了探究性学习、教育戏剧、情境式教学等多种教学方法，通过以史实为基础的故事线索，使学员在其中理解历史、对话角色、体验情境、感悟精神。

这类"剧本型"的沉浸式研学与戏剧效应息息相关，借鉴了"教育戏剧"的核心元素，"本质上，教育戏剧是一种将戏剧技艺运用于学校课堂的教学方法，它主要采用角色扮演、生命体验、主题深化、概念隐喻、情景设置等多元化方式来组织教育教学活动，并通过这些途径实现育人目的"[4]。

2024年由广州市文化广电旅游局主办、广东革命历史博物馆承办的"青春浪潮1922"剧本游，面向14—35岁学员，大部分学员们认为剧本游/杀吸引参与的关键点在于"可以体验不同身份的感受"以及"可穿越沉浸到不同时代"（如图4）。而在体验过程中，81%的学员也能深刻体会其有深度、具有教育意义的层面，充分说明了设计得当的剧本游在实现教育功能上的潜力（如图5）。

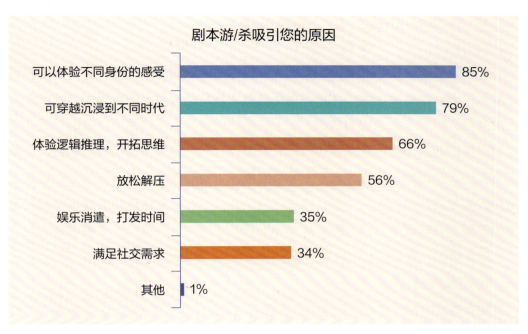

图 4　剧本杀/剧本游吸引学员的原因（多选）

N=82（2024年参与"青春浪潮1922"剧本游的学员）

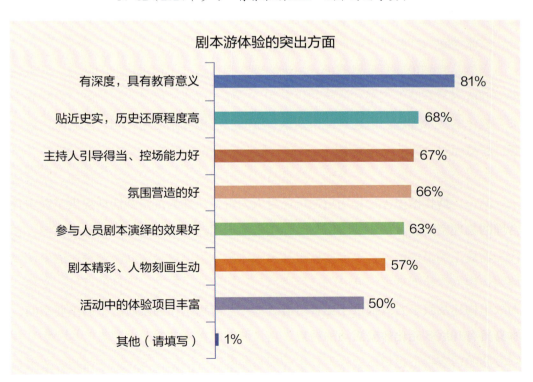

图5　在整个剧本游中，学员认为最突出的方面（多选）

N=82（2024年参与"青春浪潮1922"剧本游的学员）

三、"空间沉浸"与"心理沉浸"

丁雪晴在《场景·游戏·表演：打造红色文化空间中的沉浸式体验》中提到达成沉浸的两种层面需求：**一是客观存在的实体空间层面上的沉浸。**"物理意义上的沉浸，需要空间造境的实现。由于科技的进步，数字技术可以辅助甚至完全代替以往的通过实物还原置景的模式，利用声、光、电等多重手段的结合，让参观者在进入空间的一瞬间，就产生一种穿梭于不同时代、亲身见证历史的感觉，从而大幅度提升他们的关注度，达成沉浸状态。"**二是主体认知的意识空间层面上的沉浸。**"达到第二层沉浸则需要参观者完成对内容的体验，了解革命历史、体会革命精神、充分激发相应的情感。"[5]

到这里，我们总结一下。

契克森米哈赖的"心流"理论更多强调的是在自然状况下的"心理沉浸"，投入所做之事浑然忘我。因此物理空间、外在环境并不在其强调的关键要素里，"心流"理论强调的是心甘情愿的自然投入。而当我们开展沉浸式研学时，是"有意为之"，需要通过创设各方面条件，让参与者能够进入我们预想的沉浸状态中。因此，实体空间的打造就成了比较重要的一环。

当然，我们也需要反思的是，由于物理空间打造成了相对可控的部分，导致这种空间沉浸甚至成为沉浸式体验的代名词。一谈起沉浸式体验，仿佛就只有声光电与多媒体的技术实现。但这种纯"技术"空间的沉浸如果应用不当，则会因为造成感官超载而对心理沉浸起反作用，造成一种无意义的强度。

相对而言，博物馆（纪念馆）就具有开展沉浸式研学的天然空间优势，原因在于：**第一，博物馆里无论是历史遗址还是人为置景，都为沉浸式活动提供了真实且合理的物理空间。**我们需要尊重与因地制宜地运用这个现场所提供的叙事背景，它代表着真正的事件现场，再借助置景及多媒体技术强化这个空间所要表达的事件或情绪，也为体验活动提供充分的情境表达与互动可能。**第二，现场的遗址、文物，为故事构建及叙事方式提供了更多可能。第三，博物馆作为素质教育的重要空间，本身具有开展多元化体验活动的特点。**当代博物馆在从"物"到"人"与"物"共同发展的转变中，也将体验作为其中一项重要的评价指标；博物馆的体验方式也是综合性且多元化的[6]。**第四，博物馆作为公众学习场所，会让学员因产生教育预期，而更能从物理空间到心理空间接受沉浸设定。**

图6　利用团一大纪念馆场景开展沉浸式研学（广东革命历史博物馆"青春浪潮1922"剧本游）

综合以上，文博单位与生俱来的"现场空间"为沉浸式教育活动提供了物理条件（如图6），而"心理沉浸"则需要考虑创设"心流体验"的条件因素。接下来，基于实践出发，我们来讨论一下如何运用文博资源开发设计沉浸式教育产品，实现"心理沉浸"。

四、基于博物馆空间的沉浸式研学设计要素

（一）剧本

剧本无疑是沉浸式研学设计中最重要也最复杂的一环。

常规意义的剧本或剧目，以演员个体或群像的演绎为主，输出效果相对稳定。而剧本类的沉浸式研学，有着相对复杂的人物或群体关系、主线或副线任务，由于玩家状态的不同，会产生动态的输出效果。"为了使玩家持续沉浸在剧本的世界中，就必须保证剧本空间叙事的整体感和沉浸度。所有的玩家在同一个空间中，通过剧本文字所叙述的空间，产生互不相同但又相互关联且相互影响的言语和举动，由此保证所有玩家共同沉浸在同一个叙事空间当中。"[7]

1．剧本分类

从使用者角度，剧本分设有DM（Dungeon Master，主持人）剧本、玩家剧本（如图7）以及NPC（Non-Player Character，真人扮演的非玩家角色）剧本。DM剧本也可称为DM操作手册，起着推动剧情与统筹全局的关键作用。在不同章节（幕），除了以DM视角说明讲解内容及操作环节，也要清晰不同人或团队在其中的角色与任务、NPC的出场及演绎配合，甚至需要细化在不同场景下的音乐配

你的身份

此内容可作为你的角色自我介绍

我叫陈志成，原任张发奎亲信部队原第四军警卫团第一营，一直驻守在观音山上，我对观音山上的战壕分布、上下山的路况非常熟悉，他们都笑称我"活地图"。

11日凌晨，起义部队趁张发奎带兵攻打桂系军阀，广州城防空虚之际，发起了革命武装斗争。起义军攻占观音山处决了团参谋长唐继元后，肃清了我们团内部的反革命份子。我就地加入到起义部队中，并被派到山下接应增援部队。

图7　玩家剧本封面及介绍首页（广州博物馆"决战观音山"剧本杀）

合、布景安排、道具使用。玩家与NPC剧本主要说明各自身份、经历的故事及需完成的任务。

从题材角度，剧本大致分为推理本、情感本、还原本、阵营本、机制本等类型，而针对在博物馆空间所设计的剧本具有综合属性，以史实及所要表达的立意为出发点，可综合运用推理、情感、还原、阵营等多种元素，不需要拘泥于某种类型或题材。

从难易程度来看，剧本杀对于剧本要求最高，需要精细化的角色设定及复杂的人物线索编排，每一名玩家都拥有独一无二的剧本及体验；剧本游要求相对其次，可以按照不同团队组合进行剧本编排，每位玩家都是其中一名团队成员，每个团队拥有相对一致的身份、目标及任务；其他沉浸式研学，例如大量带有"故事背景"的解谜通关类、角色扮演类活动，则对于剧本颗粒度要求最低，更多在活动的导入及关键环节嵌入剧情即可。

因此，并非所有剧本类"沉浸式研学"都需要包含从DM到NPC的完整剧本套系，除了剧本游和剧本杀，其他类型的沉浸式研学往往只需要DM剧本或DM操作手册即可，也可理解为研学当中通常意义上的导师教案。

2．剧本创作流程

基于博物馆空间的剧本类沉浸式研学的设计用意，更多在于如何在相对有限的时间里，让历史更加生动地呈现，让其中的人和事与我们发生连接，从而能够产生"历史之同情"，并通过历史获得成长与前行的力量。因此，剧本创作流程需要包含以下四个步骤，以便创作出更贴合史实、更具沉浸感的研学剧本。

（1）整理史实素材

在剧本的设计过程中，尊重史实是基本前提。因此，开始剧本构思与撰写前，需要根据文献、博物馆资源整理翔实的素材，依据所跨度的时间线、所涉及的事件宽度，尽可能将所有的细节一一呈现。这一史实素材，将极大地帮助后续的剧本设计与论证。

（2）明确剧本框架

在史料整理的基础上，拟定一个相对清晰的剧本推进的目标与定位。这一目标，应该是具体而有意义的，如"建立城市苏维埃政权""保卫观音山""支持团一大的召开"，再围绕这一目标筛选信息、厘清思路、确定章节分幕，也就是整体框架的明确。这一环节工作繁重耗时，将历经"建立—推翻"的反复过程。例如在广州博物馆的"决战观音山"剧本杀中，选择哪个战斗场景？表现哪个战斗过程？场景或事件之间如何串联？这些都需要反复论证。陈李济中药博物馆的"济世先锋情报站"剧本杀中，选择从哪个年份事件开始——商团叛乱还是杨殷进入陈李济？哪个年份事件结束——情报站建立还是1927年广州起义？玩家角色的年代跨度在主客观上是否合理？剧本类"沉浸式研学"往往呈现的是某一个历史的片段，通过聚焦具有戏剧冲突的几个重点事件，以小见大地完成历史的叙述。

（3）搭建交互模式

梳理完剧本基本脉络与内容，才进入沉浸式研学的核心环节。接下来将重点梳理角色关系线，明确不同角色或不同团体之间的交互节点、方式与目的，例如是为了表现人物、烘托情感、表达立意还是埋藏线索。角色交互可以以小剧场演绎、任务完成的形式实现。

同时，设计匹配史实、剧情发展、人物特质的任务，对于角色沉浸将起到相当关键的作用。任务设计可以适当保留剧本杀的悬疑感、推理性，增加玩家的投入度与专注度，但要绝对避免商业剧本杀所被诟病的血腥惊悚。

此外，需要梳理与埋藏线索。线索可以巧妙隐藏在角色介绍、任务设定、线索卡等机关当中（如图8）。线索并非所有剧本类"沉浸式研学"都需要设计。线索往往用于剧本杀中找出反面角色的环节，也可用于场景解谜的提示，除了增强游戏的趣味性、层次感，还能将知识性目标适当融

图8　依据线索解谜（广东革命历史博物馆"穿越1927广州起义"沉浸式研学）

入。同时，也可以通过绘制线索关系图清晰线索的合理性与层级度。

最后，规划好反馈机制。这一类反馈不是指课堂型的反馈，而是对于玩家参与行为的鼓励与推动。反馈有不同形式，目的都在于促进玩家参与。例如奖励性反馈，当玩家完成某些任务后可以获得额外线索；惩罚性反馈，当没有完成某些任务时，身份就有暴露的危险；推动性反馈，完成当前任务，才可触发下一场景。此外，还有谜题的解答、推理的结果、竞争性结果都是有效反馈的手段。总而言之，反馈要自然融入整个活动中，作为剧本的一部分，无形地影响着剧本的走向。

（4）真实与虚构的平衡

在剧情上，难免会有情节虚构的情况发生，那么如何处理真实事件与情节虚构的关系？在尽量还原史实的基础上，从增加可读性的角度考虑，故事情节和人物设定有时也会出现"A+B=C"的情况，一个人的故事不可能被完全详细记录，但要尽量让剧本杀中人物的行为有史实支撑，由史料及历史常识延伸出的对场景的合理虚构可以被接受。

（二）角色

另一个重要因素，就是角色。当我们需要演绎一个故事，开始一段短暂而全新的旅程时，这一切的开始，就是身份的转换。

首先，需要给学员一个身份，从而忘掉"真我"，进入"角色"。然而，不是假定一个角色身份就完成了身份转换，而是需要经历角色设定、角色强化、角色带

入这些环节。

（1）**角色设定**，即基于主题需要所设计的角色身份。他可以是某个身份，也可以是一支特定队伍中的一员（如图9、图10）。

图9　学员作为陈李济药厂的工友参与活动（陈李济中药博物馆"济世先锋情报站"剧本杀）

（2）**角色强化**，是学员理解与相信角色的通道。无论是以上哪一种设定，都需要尽量给予角色相对翔实的背景说明，让学员通过阅读剧本或角色说明能够理解与走入"角色"，明白自己从哪来，有怎样的经历，为何在此，与其他成员之间有着怎样的关系，而这些背景信息也有可能为后续的任务提供线索。角色内容的强化能够让学员尽可能忘掉现实世界的身份，理解角色的故事和情绪，体验剧本中"我"的人生经历。

图10　学员作为1927年广州起义教导团的一员参与活动（广东革命历史博物馆"穿越1927广州起义"沉浸式研学）

（3）**角色带入**，是角色成立的重要阶段。有条件的情况下，换装是进入角色最为快速的方式。其次，每个玩家都有属于自己的角色"名牌"，整个游戏过程中，玩家只能以剧本中的人物姓名称呼彼此。此外，角色带入性介绍、观看视频、使用非玩家角色演绎小剧场等多种手段（如图11、图12），都能调动学员的感官体验，继而带入角色开始"好戏"。

图11　通过工友自我介绍增强角色代入（陈李济中药博物馆"济世先锋情报站"剧本杀）

图12　通过小剧场增强角色代入（广州博物馆"穿粤记"沉浸式巴士游学）

（三）DM（主持人）

主持人是推动剧本及沉浸的关键因素。主持人可以由富有经验的研学导师来担任。首先主持人需要具备以言语带动气氛的能力。德国教育家第斯多惠曾说："我们亲身体验到课堂教学艺术不是传授艺术，课堂教学艺术是激发、启迪和活跃。但是你本身要是没有激发性，没有主动性，又怎么能去激发学生，去唤醒睡眠的人，又怎么能去活跃别人呢？"[8]

主持人应在理性与感性两个层面上及时调整气氛及控制进程。理性层面，需要娴熟把握整体操作流程、重难点、不同角色的任务实施，必要时适时调整操作以适应现场；感性层面，需要成为剧本演绎的一部分，带动整体的情绪流动与转换，升华主题。

讲述过程中，有一些基本技巧：一方面是尽可能脱稿，熟练而抑扬顿挫地表达，这需要主持人非常熟悉操作流程以便快速情绪转换；二是始终将双方置身于情境当中，如说明"现在时间是1927年12月10日，你们距离战斗还有一小时"；三是要将任务与规则的表述融于故事及场境当中，而尽量不要跳出来从客观角度宣读规则与任务。

（四）任务

结合研学主题设定的各式整合性的任务，也是驱动沉浸的主要方式。任务为教学目标服务，符合学员特征，需难度适宜。我们回到契克森米哈赖所提出的达到"心流"体验的九个维度挑战，其中，与技能之间的平衡、及时反馈机制和清晰明确的目标等因素，是催生沉浸式体验的重要因素。[9]契克森米哈赖认为，沉浸感产生的渠道是技巧和挑战的相互平衡，如果参与者的技能水平高于挑战，往往会引发厌烦情绪，如果挑战高于参与者的技能水平，就会产生焦虑情绪。但这一过程是动态的，当个体不断提升自身技能水平，就可以进行更高难度的挑战，从而产生新的沉浸式体验。本文最后一个板块，我们将重点讨论这一问题。

（五）小剧场

在有限的时间内，小剧场是让学员快速进入情境的常用手段。小剧场可能由NPC演绎，也可能由玩家即时演绎。玩家即时演绎难度高、可控性弱，因此需要一定的现场准备，包括对扮演人员的观察与挑选、多媒体的氛围营造、台词话术的设计、辅助角色安排等，以尽可能达到较优效果。

例如，在"穿越1927广州起义"沉浸式研学的"苏维埃政府成立大会"小剧场中，《国际歌》响起，广州苏维埃成立大会正式召开，"张太雷"语气铿锵，热情的讲话坚定而有力。台上横幅高举，红旗挥舞；台下，集结着各支起义队伍，战士们振臂呐喊，一片欢腾……

事后，有学员说："那一刻，我就站在'张太雷'的身后，仿佛看到他闪耀的光辉，眼泪一下子就模糊了双眼。他虽然已经牺牲了，但那一刻我感觉与他相遇了！"当学员一起"生成"历史事件的经过，感动自我的同时，也会看到不朽精神的闪耀（如图13）。

图13 小剧场演绎"苏维埃政府成立大会"（广东革命历史博物馆"穿越1927广州起义"沉浸式研学）

（六）问题与讨论

问题与讨论，也是将学员快速带入情境的有效方式。历史尽管不能重来，但我们可以通过真实的问题与历史对话——"起义信息泄露，是否提前起义？""是留守，还是撤退观音山？""如果我是杨殷……"问真实的问题，能够让学员置身历史当中，尝试理解各种历史要素，进而生成时空感。好的问题既是情境的进入、历史的理解，也是高级思维的训练。

在"决战观音山"剧本杀中，学员聪聪印象深刻的环节，是最后对指令是留还是守的讨论。"指令是什么其实并不重要，"聪聪说，"重要的是大家心中对战争、对国家，包括对自己生命意义的思考。"他觉得这个环节把剧本杀给人的感受，推到了一个更高的高度，不仅是一个娱乐项目。"这个东西真的能够在我心中留下一些什么，能让我感触到一些东西。"[10]

历史不是需要逐条记忆的知识点，它应当拥有被讨论的可能。

以上我们不难发现，任务、小剧场、问题与讨论，都是在试图引导学员进入特定的沉浸情境，建立参与者与故事之间的关联。结合教学情境创设的基本方法及研学实践具体需要，用言语描绘情境、用音乐渲染情境、用讨论激发情境、用小剧场制造情境、用仪式展示情境、用任务驱动情境都是可行的情境创设办法，以真正实现"沉浸"与"升华"。

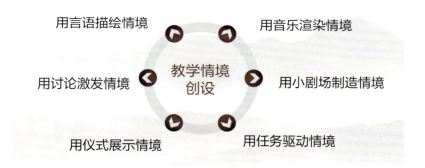

图14　沉浸式研学教学情境创设基本方法

总结一下。

我们通过剧本、角色、主持人等维度阐述了剧本类"沉浸式研学"的设计要素与基本流程。其中，对剧本与任务中清晰明确的目标、符合"剧本"的及时有效的反馈、挑战与技能相匹配这几个触发沉浸的关键事件因素进行分析。此外，扩展探讨了主持人、小剧场、开放性讨论等多个因素对情境创设的作用，从而也尝试提出在沉浸式研学设计中，**情境创设**也是重要的引发或增强沉浸式体验的事件条件。它不同于物理空间，它具有流动性、随机性、强互动性，能够更直接地与学员建立对话与共鸣，直抵"沉浸"。

在诸多要素中，任务同时承载着"挑战与技能相匹配""清晰明确的目标""及时有效的反馈"这三大沉浸要素。最后，我们再进一步展开讨论"任务"如何达成"心理沉浸"。

五、从沙盘模拟看任务驱动沉浸

广义中的沙盘游戏有沙盘模拟经营或战略，有服务于心理治疗的沙盘游戏，还有搭建建筑与社区的沙盘模型。无论哪一种，本质上都是借助一定的载体与媒介，能够将参与者的想法与潜意识直观地投射在沙盘上。这是另一种"沉浸式"。

比如，学员以起义军角色身份，在模拟行军路线的方寸沙盘上，通过遵守一定的游戏规则来完成任务，从而达成意识形态的沉浸。沙盘以1927年广州起义失败后起义军往花都撤退，成立红四师，进而奔赴海陆丰的历史为背景，模拟当年红四师转战海陆丰的过程。由每个小队扮演一支团队，在同等资源条件以及各种因素限制下，通过队员的集体智慧，争取胜利到达目的地（如图15）。

图15 "奔向海陆丰"沙盘演练（广东革命历史博物馆"红色轻骑兵之追寻红四师足迹"游学活动）

游戏背景

广州起义失利后，起义部队兵分几路撤退，其中一部分1200余人到了花县（今广州市花都区），整编为中国工农红军第四师（以下简称"红四师"），并决定奔向海陆丰与东江特委、红二师会合，继续革命事业。

游戏规则（例举）

1. 所有团队统一从出发点（广州）出发，可以选择任意的方向前进，每天只能行进至一个相邻的格子。

2. 出发前统一分配粮食、武器、士兵、药品等资源，行进中每天有消耗，再通过各种方式进行补充，途中任何一天如果发生资源耗尽，都属任务失败，该队自动退出。

3. 地图上共有6种格子代表不同的战斗场景，分别是出发点（广州）、无标识地区、村庄、乡镇、县城、目的地（奔向海陆丰），不同场景将起到不同的作用。每到达一个格子，每个团队须根据相应场景消耗资源，导师宣布该地区具体情况，由团队商量决定下一步操作。

4. 每支队伍由队长、侦察员、后勤兵以及普通成员组成。

现场，大家分成四组。地图上一个个不同的格子标着记号，或者标注为村庄、乡镇、县城。学员们每到一格，就意味着要面对新的任务，团队共同进行决策，每个决策都有利有弊，学员们需要权衡当前的资源做出判断。

此时，第二组的同学来到了G02这个点，代表着1927年12月19日红四师进入惠州龙门地派，凌晨时分，队伍又累又冷，需要住宿。有三个选择：A.占

图16 "奔向海陆丰"沙盘

领土豪劣绅房屋休息；B.露宿街头；C.向农民借宿。尽管学员们已经了解了历史中的这一天，红军们选择了B，但此刻的他们认为选择C是更稳妥的选择。在后期复盘中，导师与学生有如下的对话：

师：你们选择C的理由是？

生：因为天气寒冷，选择向农民借宿可以尽可能减少我军人员伤亡，也可以通过这个机会与农民建立感情。

师：有道理。当时的红四军为什么没有做出这个看似更稳妥的选择呢？

生1：因为队伍刚刚建立，群众基础并不牢靠。为了避免不必要的摩擦。

生2：露宿街头，不打扰百姓，以实际行动表明我军爱民惜民的主张，树立良好的军队形象，从而也为我军在创立初期赢得群众信任。

师：其实，无论是怎样的选择都没有对错，但是，我们可以看到不同时代下人的选择。在革命时期，个人的性命与安危已经不是最重要的，为了集体的利益，国家的前途，哪怕牺牲自我，也在所不惜。

第三组的同学来到了关键性的G29（村庄），这是一个临近目的地的村庄，再有一步就能到达目的地。此时已经有两支队伍到达了目的地，原本领先的第三组未免有些着急。同时，还有最后一支队伍（第一组）也到达了G29，按照规则，他们可以交换物资，三组资源尚有，而一组却面临着武器短缺将要失败出局的情况。救还是不救？这是一个问题。

不同队伍之间，在资源稀缺情况下相遇怎么办？在同一战斗现场，如果你作为要掩护的那一方，随时面临牺牲，你会怎么办？真实的战争不是沙盘，但透过沙盘，我们能看到构筑历史的那些真实的人，他们的彷徨、抉择、果敢与无畏。

沙盘模拟的优势就在于，大家可针对这个"可视"的成果进行总结复盘，在复盘过程中升华活动主题。

在本次活动复盘的时候，大家就路径的选择及原因展开讨论：有的组别着重考虑发展当地武装力量，有的组别考虑安全性，有的组别希望通过战斗积累经验……这不仅是一次红四师的行军体验，也是两个时代的人的隔空对话，更是自我的观察与思考。

我们分析一下这个任务设计当中"沉浸条件因素"：

（1）清晰的目标：带领团队到花县整编为红四师，并奔向海陆丰与东江特委、红二师会合，继续革命。

（2）及时的反馈：每一格都需要进行行动选择，并及时反馈结果，是补充资源还是消耗资源。过程中，每一步行动后的解答、四支队伍的动态竞争状况、进程实时汇报都给予了学员不同层面的反馈。

（3）挑战与技能匹配：此项挑战是面向高中阶段以上的学员，能力上需要对该历史事件有基本的背景认知（可事前铺垫），对中国革命史有一定了解，具有策略思维，同时需要相对充分的团队合作，符合高技能高挑战的沉浸激发条件。

（4）情境创设：除了主持人的言语引导，关于"选择"的开放讨论等都给予了学员一定的"设身处地"的情境。

回到沙盘演练本身，除了对主题内容的理解，更重要的是在行动之上的思考。要想达到这一目的，首先需要将历史事件生动直观地展现出来，为阐明主旨做好铺垫；其次是侧重每一步行动的原因思考，以此与真实事件形成呼应或对比。最后是全盘总结与升华，以小见大感悟精神主旨，并将历史事件与自我及新时代做连接，体现其现代性与未来性。

回到我们开头所说的——故事。

为什么我们需要"沉浸式"，因为"沉浸式"能帮助我们把想象变成现实。让我们深刻体会"今人不见古时月，今月曾经照古人"的穿越感。从聆听故事到走入故事，从感受故事到完成故事。我们可以去往过去或未来的某个时期或空间，通过五感与自我意识全息地"演绎"另一段人生，在其中感受、理解、反思不一样的人生经历，从而创造出别样的人生精彩。

－ 注释 －

［1］Mihaly Csikszentmihalyi. *Flow*：*The Psychology of Optimal Experience*［J］. Chapter，1990：4.

［2］米哈里·契克森米哈赖（Mihaly Csikszentmihalyi.）. 心流：最优体验心理学［M］. 张定绮，译. 北京：中信出版社，2017.12（2024.1重印）：126-148.

［3］Thomas P.Novak，Donna L.Hoffman，Yiu-Fai Yung. *Measuring the Customer Experience in Online Environments*：*A Structural Modeling Approach*. 2000，19（1）.

［4］严孟帅，拓丹丹. 重返人文："教育戏剧"融入人文教育的理论探索［M］.现代大学教育. 2021［6］：29-36.

［5］丁雪晴. 场景·游戏·表演：打造红色文化空间中的沉浸式体验［J］. 文学艺术周刊. 2023（9）：72-75.

［6］王思怡. 沉浸在博物馆观众体验中的运用及认知效果探析［J］. 博物院. 2018［8］：121-129.

［7］潘源. 剧本杀游戏：沉浸式体验中的空间叙事、身体感知与社交互动［J］. 声屏世界. 2021［5］：96-98.

［8］第斯多惠. 德国教师培养指南［M］. 袁一安，译. 北京：人民教育出版社，2001：177.

［9］米哈里·契克森米哈赖（Mihaly Csikszentmihalyi.）. 心流：最优体验心理学［M］. 张定绮，译. 北京：中信出版社，2017.12（2024.1重印）：160.

［10］王瑞雪. 剧本杀，"红"了［Z］. 公众号煎饼社，2022.

玩转主题式研学，
实现人文与科学的有机融合

中国航天飞船取名"神舟"，华为的操作系统名为"鸿蒙"，中国航天登月探测器名为"嫦娥"，暗物质粒子探测卫星叫"悟空"，量子科学实验卫星名为"墨子"，太阳监测卫星计划取名"夸父计划"……这些新科技成果的命名，是中国科技发展日新月异的骄傲宣言，也是人文中国穿越时间鸿沟的古今共鸣。

科学与人文存在共同的特点，就是它们都面对一个共同的世界，并致力于对未知领域的探索和思考。新兴的自然科学、社会科学、人文学科中已经出现了大量的交叉学科，这些交叉学科有效地融合了科学与人文两种因素，使科学与人文得以在一个学科内部和谐相处。而以数智技术为特征的新一轮科技革命的加速演进，使新的学科分支和新增长点不断涌现，学科之间的深度交叉与融合已经势不可挡。学科间的交叉发展加强了人们探究自然与社会的系统性和整体性，也决定了高层次创新型、复合型、应用型人才的需求将更为迫切。

那么，在这样的大背景下，教育又需要作出怎样的回答？

一、"六艺"兼修并不过时

"六艺"指的是中国古代儒家要求学生掌握的六种基本才能，即礼、乐、射、御、书、数，出自《周礼》。"六艺"教育是典型的文武兼备，掌握"六艺"的学生既是知书达理的谦谦君子，又是抚琴高歌的文人雅士，同时还是可以上阵杀敌的大丈夫。

从某种角度来说，跨学科学习古已有之，我们能在古代诗人身上看到科学精神的萌芽，也能在科学家笔下读到行云流水的文字。越来越多的教学工作者也意识到，未来社会需要发展型人才，对人才的诉求也越来越倾向于兼具科学与人文素养。因此，多样化学习的教育理念，需要融入我们的日常教学中。

越来越多的有识之士开始大力提倡"课程科普"的教育理念，并在日常教学中进行有益的尝试。例如，语文课中除了科学说明文外，不少极富人文色彩的经典名作也存在科学常识，比如郁达夫在《故都的秋》中描写北国的槐树"像花而又不是花的那一种落蕊"。这里可否让学生放下书本，走近槐树，进行一番自然观察？"秋蝉的衰弱的残声"，是否可以让学生去听一听秋蝉的鸣叫，并认识其发声原理？音乐课上，在学习弹奏音乐时，不妨让学生了解钢琴的历史，研究吉他的原理；美术课上，在用水彩或油画颜料作画时，进行颜色奥秘的探讨，例如色料的配置，色彩感知存在个体差异……

相较于以上在学校教育中进行学科渗透的举例，研学中常用的主题式教学对于实现人文理解与科学探索的有机融合则更有发挥的空间。

二、人文理解与科学探索在研学课程中如何有机融合

在研学课程中实现人文理解与科学探索的有机融合，通常需要几个关键特征，即研学课程需要真实的目的，并非简单地训练或巩固学科知识，而是需要达到解决问题、形成作品、创生新知识的目的；有融合的载体，例如主题、问题、现象、概念等，且载体是有意义的，能带动两个或两个以上的学科；过程要有创造性和探究性，很难照搬现成的公式或法则，需要在文理学科中来回筛选、调用；最终产生整合性的跨学科理解，在理解主题、解释现象、解决问题、创造产品的过程中，凝结成新的理解，促进学生认知进步。以下是部分具体的做法及相关案例：

（一）设置好的问题往往是实现融合的开始

这里所说的问题是整体性的，由总问题，以及问题链构成，能刺激学生多角度思考；又是开放性的，能激发思维张力。

总问题是整体驱动，让学生卷入学习，寻找问题解决的方法。问题链是由若干个具有内在逻辑的相互关联又独立的小问题构成，环环相扣，有机成链，引导学生的思维向深度、广度、锐度发展。前一个问题研究是为后一个问题服务，通过引导

性问题建立学习的架构、范围和顺序，引导学生进行深入思考，过程中挖掘的新问题将使探究推向深入。

例如在"营建镇海楼"研学课程中，学生们通过文化课、测绘课与搭建课，系统性地学习与了解镇海楼的营造。课程以"如何保护镇海楼"为总驱动问题，为了解决这个问题，进一步设置三个逐步递进的分支问题。

问题一："为什么要保护镇海楼？"

这就需要从认识镇海楼在人文历史中具有的价值意义入手。在解答过程中，导师首先讲述镇海楼建造历史，带领学员从"有实力""有渊源""有古意""有创意"等角度逐一剖析镇海楼。分别介绍了镇海楼的功能、建造等，并勾连中国传统建筑中的屋顶形制以及岭南建筑的装饰特点，引领学生以镇海楼为"点"，串联出岭南建筑的"线"，乃至扩展成传统古建的"面"，让学生的眼界既立足镇海楼又不止于此楼。学生通过现场观察、判断、分析，进一步感知镇海楼的屋顶样式、建筑材料、防御设计、功能变迁等，从而认识到镇海楼作为广州著名历史城标的深厚渊源，明确保护的必要性和紧迫性。

问题二："镇海楼是怎样建造的？"

只有从理性的角度了解镇海楼本体，才能为保护镇海楼提供科学的依据，从而作出合理的判断。在这一部分的探索中，借助若干问题，包括"镇海楼为什么正看似楼、侧观如塔？""镇海楼采用逐层收缩的形制，但为什么每层楼面积相等？""镇海楼采用怎样的建筑材料？"……建立起对镇海楼建筑特点的基础认知后，便需要对镇海楼进行实地测绘（如图1）。建筑测绘能立体深入地认识建筑，

图1 镇海楼建筑现场测绘（广州博物馆"营建镇海楼"主题研学）

同时也是记录、研究以及进行修缮保护的基础工作，一套完整、准确、翔实的测绘记录是留给后人解读历史、进行研究的依据。

测绘的步骤、比例尺的确定、测绘工具的使用、测绘图的制作都是学生需要提前学习的内容。为了镇海楼的修复工作，学生实地完成柱础、外栏杆、门窗、圆拱门的局部测绘工作，并绘制测绘图。

"不规则形状如何测量？""组合图形如何测量？""没有办法触达的位置如何测量？"这些都是测绘操作中需要实际解决的。因此，测绘任务的完成，需要大量综合运用我们所学的代数及几何课程上的知识点。在真实的情境中，才能面临真实的问题，也才能真正实现学以致用。也只有当"所学"变为"所用"，成就感才能转化为更强的内驱力。

问题三："如何进行镇海楼的保护？"

为了回答这个问题，学生需要进行"古建保护预备式"的探索，即镇海楼的模型搭建。这样的搭建课不是简单地依照图纸进行拼接，而是在完全没有图纸的情况下，凭借对历史建筑本身的理解，以及重点的测绘数据、构件数据，充分理解镇海楼内外结构的构成才能顺利完成。建筑模型的搭建也为后续研究、修复、宣传古建提供充分的素材（如图2）。

"当面对一堆建筑构件，如何区分不同的建筑部位？如何梳理建造

图2　镇海楼建筑模型搭建（广州博物馆"营建镇海楼"主题研学）

顺序？""当没有使用说明书，如何利用立体空间想象能力还原模型？"对于搭建模型时的这些问题，学生需要集思广益，通过分析建筑构件，论证搭建步骤，实验粘合方法，实践配合方法，才能最终完成镇海楼的模型搭建。

从认识，到测绘，再到搭建，这是综合运用与有机连接文学、历史、地理、数学、工程等多学科知识实现的独一无二的学习体验。经过创设情境，在具有建构性、有效性、多样化的问题引导下，学生解决了实际困难，也充分感受到知识的价值与解决问题的成就感，并体会到学科知识能增强认识大千世界的能力与趣味。

（二）设置系列探究性活动促进学习的发生

在研学活动中，将文史内容与理科实践和知识相结合，可以帮助学生更全面地理解和应用所学知识。以下是在探究性活动中文理结合的一些形式举例：

（1）**艺术活动：**参加手工制作类、绘制类、非遗体验类等活动时，通过实践中的艺术和设计，培养学生的创造力和动手能力，过程中适当引入相应的理科常识，如颜料的制作、光学原理等。

（2）**文化体验：**传统文化体验，如书法、茶道、民俗活动等。过程中，引导学生了解相关的理科知识，如墨水的成分、茶叶的生长环境、古代纺织技术等。

（3）**特定探访：**在参观历史遗址、纪念地或文化街区等地，认识感受历史文化魅力的同时，引导学生关注与事物本体相关的理科应用，如空间规划、建筑结构、材料科学等。

（4）**考古实践：**包括学习考古工具使用、考古现场挖掘体验、文物整理归类等。通过实际操作，了解考古学的基本原理和方法，同时接触与理科相关的技术设备，如测量仪器、化学分析仪器等。

上述作为研学文理结合的常见做法，在一定程度上使文史内容与理科实践和知识相结合，既丰富了研学活动的内涵，也锻炼了学生的学科能力，在一定程度上也能帮助学生更全面地认识和理解历史文化，与理科知识的结合也对学生实践能力的提升有帮助，但这是不够的。

相较于分科教学以学科逻辑为线索设置教学活动，研学可以提供更丰富的情境，引导学生自由思考，设置多元活动可以使学生借助学习支架、资源、工具等进行文理衔接、迁移和应用。这样的学习是交互的、有情感的，同时又隐含着价值观的塑造。"考古解密中共三大会址"主题研学便是其中的例子。

中国共产党第三次全国代表大会（简称"中共三大"）的会议旧址曾经在2006年之前的八十多年里一直是党史研究中的未解之谜，后来随着珍贵档案的解封，经过考古发掘的实证，谜团才一步步被解开。基于这一历史事件，研学设置了"中共三大会址是如何发现和确认的"这一总问题。为解答这一问题，学生需要从考古探索的角度，参照真实的考古工作流程，还原中共三大会址长达三十余年的求证过程。如表1所示：

表1　"考古解密中共三大会址"主题研学课程安排

研学主题	分主题	课程内容
考古解密中共三大会址	寻访调查	➤实地走访，确认标识物的定位 ➤结合有关地形测绘图的对比，确定会址所在 ➤制作会址周边街景的还原地图
	发掘验证	➤比对现场考古发掘出的围墙基础与测绘图，分析旧址建筑基址 ➤现场测量及剖面图信息解读，分析建筑基址的准确地层 ➤形成图像化的考古行事历
	复原研究	➤整理口述回忆信息 ➤结合考古勘查与回忆信息，绘制旧址样式及布置草图 ➤根据草图，组装会址的复原模型

探究活动一：还原百年街道图，定位会议原址。在无法使用手机、导航定位等智能设备，且建筑已经消失的情况下，可以通过哪些途径定位会址？为了寻找问题线索，学生需要进行文献辨析、实地走访、定点老地标，随着线索的逐步清晰，会址的范围得到初步确认。

探究活动二：考古验证，实地确认。既然会址的定位已经获得相关的佐证，还有什么证据可以确认会址的建筑所在？答案是建筑遗址的考古发掘。在体验考古挖掘工作的过程中，学生进行的体验活动包括考古挖掘工作的具体事项，例如：学习阅读测绘图，分析确认旧址建筑基址；结合剖面图信息，确认建筑基址所在地层；进行现场测绘；制作遗址示意图、遗物线描图等；最后综合信息，形成结论，以此验证中共三大旧址准确位置及保存现状。

探究活动三：建筑物的复原研究。会址建筑有多少层楼？坐向如何？房屋里的布局如何？会议在哪个空间召开？墙体和门窗的颜色、材料是什么……为了解答问题，学生进行的活动主要包括：整理访谈记录，进行访谈信息的相互验证推导，根据遴选信息绘制建筑示意图，搭建复原模型等，互证、绘图、修改、校对，从无到有，建筑的复原模型最终完成。

以上活动开展过程中，课程内容综合了不同的学科知识及能力运用，学生无法通过现成的公式和单一的学科解决问题，而是需要进行文献阅读、地图对比、绘画图表、运用数学知识等，不同的知识和技能在过程中被不断切换、调用，如图3。

中共三大会址定位、考古挖掘、建筑复原的考古之路事实上经历了漫长的三十年。学生通过其中关键环节的体验与学习，不是为了复制从前的考古工作，而是结合真实情境进行实践，体验了多种专业知识与技能，并反思体会那些与中共三大相关的革命者、考古工作者、纪念馆工作者，他们是如何发挥各自的专业特长，在时代的接力中如何通过不同的工作和努力，延续中共三大中最重要的精神内核——实事求是，探索不息。这是考古的精神，也是特别值得学生领会和拥有的品格。

图3　进行实地探访及建筑复原（中共三大会址纪念馆"考古解密中共三大会址"主题研学）

（三）把产生新的理解作为文理融合的重要目标

文理融合既强调了课程的组织形态，也是一种基于真实情境的学习任务，以及学习者认知的转化过程。挖掘基于文理学科中的综合学习生长点，关键是让学生在学科方法、问题解决策略、学会交往参与等方面得到综合提升，产生新的理解，促进认知的更新。

以下是毛泽东同志主办农民运动讲习所旧址纪念馆（简称"农讲所纪念馆"）"寻红记"人文与科学研学课程的例子。

这一课程高度匹配农讲所的特征，紧扣农讲所的标志性印记："红花""红墙""红色文物"，围绕农讲所中的"红"进行不同角度的诠释，以其独有的建筑、植物、文物与历史事件，从多元角度诠释其精神内涵。

该研学课程以"寻红记"为大主题，立足农讲所中的名木古树、不可移动文物、可移动文物，充分调动这些特有资源中的科学实践资源，开展科学实验活动，深入探究农讲所实物层面、文化层面、精神层面中的"红色"。

作为研学课程的有机组成部分，科学实验与人文历史并非孤立存在，而是依照一定的逻辑串联展开，强调"寻找""红色""记录"三个维度的自然衔接。例如在第一课"湾区花红"中，聚焦农讲所中的老红棉树，展开纵横维度的深入探索，如图4：

第一步，通过自然观察木棉花的植物形态、观赏价值、生活妙用等，强调广州独特的地理和历史大背景，以及讲求实效、兼容并包的文化特点；

第二步，通过科学实验，以浸取、蒸馏的方法提取木棉红色素，并在实验设计及实验操作步骤中，强调对实验成果负责的严谨务实，解答出红花的色彩奥秘；

第三步，结合岭南三大家的诗词及近代史，解释红木棉被赋予英雄花的历史文化原因，进行红色广州、英雄城市的文化诠释；

第四步，在红色文化的底色之下，结合现场探索和展览解说，认知农运学员经历农讲所求学后，归于大地开拓农运燎原伟业的始末，呈现红棉下的英雄群像。

纵观整个课程，随着探讨的深入，学员们得以跳出"农讲所只是红色地标"的惯性认知，而发现其更多元丰富的"角色"，包括春游聚集地、古建筑代表、时代集体记忆、工艺集大成者、城市气质担当等等，以及背后深厚的内涵，以点带面，刷新认知。

图4　进行红色植物实验（农讲所纪念馆"寻红记"人文与科学研学课程第一课"湾区花红"）

另外，在设计中也需要关注若干关键问题，例如：如何分析和总结观察结果，如何将观察结果与相关知识联系起来，促进学生的理解和思考。在历史课中，如何选择合适的历史事件或人物作为教学内容，如何帮助学生理解历史事件的背景和影响。实验课中，如何选择适合的实验项目和实验材料，如何引导学生观察实验现象、分析实验结果，如何帮助学生理解实验原理和化学概念。艺术欣赏课中，如何设计互动性强的艺术欣赏活动，如何引导学生表达对艺术作品的感受和评价……这都是有助于学生认知更新的。

因此，在真实目的的统领下，综合考虑总问题与问题链的设置，挖掘研学对象中涉及的自然、理工、人文、社科、艺术等领域中的元素，创设有趣味、有内涵、可操作的活动，最终根据学生的年龄、兴趣和能力水平进行合理的安排和组织，这对于学生的全面发展和综合素养的提升一定是有帮助的。我们有理由相信，在研学的领域中，科学与人文完全可以拆卸各自设置的围墙，在更高的起点上握手言和。

叙

当我们给予了充分的信任，

让他们做研学的主人，

对自己的选择完全负责，

他们就不再是被动的配合者、参与者、被评估者，

而是主动的组织者、实施者与评估者。

身份角色的转换或许才是诠释"以学生为中心"的更好方式。

【本章作者】卢悦云　刘　洁

研学预备时：搜集与用好文博资源

　　文博资源种类繁多、容量巨大，不仅包括博物馆藏品、图书馆资源、档案资源等相对静态资源，也包括相对动态的文化遗产资源和文化活动资源等，这些文博资源为人们提供了解历史、文化和艺术的机会和平台，同时也是研学设计的重要素材来源，为研学课程的深度和广度创设了可能。然而，在文博资源的寻找和运用上，设计者又会遇到不少困难，包括资料质量参差不齐、来源的可信度和权威性不足、获取有障碍、内容不全不细、缺乏合适的搜索技巧……以上的诸多问题是否有可行的解决方法？答案是肯定的，以下是经过实践检验的具体做法，可供参考。

一、常用的搜集方法及素材来源

（一）资料地图的建立是基础

　　我们都知道如今的知识积累系统已经极其开放和便捷，人们甚至不需要知道具体的知识，只需要把握知识目录，知道大概有哪些知识可学可用即可。搜集者的素养则体现在知道存放知识目录的地方。简而言之，就是不需要完整的"知识地图"，但建立自己的"资料地图"必不可少。知道有哪些图书馆、哪些核心期刊、哪些搜索引擎可用很重要，有意识地进行归纳是很好的习惯。

　　"资料地图"可以分为两大类，一是综合类，二是专门领域类。

　　综合类主要是指各类的图书馆、文献馆、档案库、数据库等，如表1。

表1 综合类资料网站举例

名称	中国国家图书馆·中国国家数字图书馆·国家典籍博物馆	名称	国家哲学社会科学文献中心
链接	https://www.nlc.cn/web/index.shtml	链接	https://www.ncpssd.org/index
页面图示		页面图示	
名称	国家科技图书文献中心	名称	广东省立中山图书馆
链接	https://www.nstl.gov.cn/	链接	https://www.zslib.com.cn/
页面图示		页面图示	
名称	广东省情网（广东省人民政府地方志办公室）	名称	中国知网
链接	http://dfz.gd.gov.cn/	链接	https://www.cnki.net/
页面图示		页面图示	

在以上列举的网站中，除了中国知网以外，其余只要注册登录后，就可以访问其中的免费数字资源，可以查论文、查期刊等。需要补充说明的是，国家级图书馆或数据库在信息量和全面度上占有优势，但由于研学的区域性较强，如果涉及具体地域的信息，以当地的图书馆或数据库的资料为佳，可在内进行优先搜集。

以广东省立中山图书馆为例，除了拥有国内最具规模的广东地方文献和孙中山相关文献以外，视听文献、缩微制品、电子书报刊、视频数据库等都相当出色，尤其是各类的缩微制品、古籍善本以及民国以来的报刊，能直接按照日期、刊名等分类找到高清扫描版。再例如广东省情网中的省情数据库，分为省级及各市的志书、地情资料、年鉴，依照目录往下查找，很顺利就可以找到详尽而严谨的基础资料。

中国知网可以说是最常用的论文下载网站。凡是在国家认可的学术期刊或者大学的学报上面发表的论文，一般都会录入CNKI数据库。登录方式有几种：一是使用校网登录VPN（详情参照学校使用说明）；二是使用当地公共图书馆资源（例如广东省立中山图书馆、中国国家图书馆都可以下载部分的论文）；三是付费下载。

综合类网站中常用的文献种类有学术期刊和学位论文，两者各有特点：学术期刊文章篇幅适中、范围广、内容丰富、论点充足、论证严谨；学位论文主要指硕士论文和博士论文，篇幅较长，文献综述以及论证资料一般都更为全面和细致。

除了综合类以外，专门领域类是指不同领域内最具有权威性和专业度认可的集成网站、专业研究院所官网、专职部门官网、优质公众号等，如表2：

表2　专业领域类资料网站举例

名称	中华人民共和国教育部政府门户网站	名称	中国共青团网
链接	http://www.moe.gov.cn/	链接	https://www.gqt.org.cn/
页面图示		页面图示	
名称	央视网	名称	广东党史网
链接	https://www.cctv.com/	链接	https://www.gddsw.com.cn/
页面图示		页面图示	

（续表）

名称	中共广州市委党史文献研究室	名称	广东省博物馆
链接	http://gzsqw.org.cn/sdfzpc/	链接	http://www.gdmuseum.com/cn
页面图示		页面图示	

名称	广州博物馆	名称	果壳网
链接	https://www.guangzhoumuseum.cn/	链接	https://www.guokr.com/
页面图示		页面图示	

名称	《中国国家地理》杂志	名称	星球研究所
链接	http://www.dili360.com/	链接	http://iloveplanet.cn/
页面图示		页面图示	

名称	视觉中国	名称	《国家人文历史》杂志
链接	https://www.vcg.com/	链接	https://www.gjrwls.com/
页面图示		页面图示	

限于篇幅，以上举例略作启发之用，在自行操作中要做到举一反三。此外，所列均为发布主体的官方网站、公众号就不再赘述，照顾到大众的使用习惯，公众号的丰富程度和更新效率一般会稍高于官网。

用于教学的材料有其特殊性，即在科学严谨的前提下，要力求生动，引发学生兴趣。因此，在搜集时要根据实际所需有所侧重，例如教育部、文化和旅游部、共青团中央等，作为国家级职能部门，会不断更新教育规划和实施中的各类纲领性指引，包括全国性倡议、工作重点、教育教学框架、具体内容等，通常以详尽的文件形式呈现，这对于研学教育目标及内容规划的设定往往至关重要。

以广东党史网、中共广州市委党史文献研究室举例，它们的目的是呈现地方性的系统工作，也是该领域最权威的内容发布。以此类推，其他专门部门的工作成果也会有专门的渠道发布，例如省市各级的文化馆、非遗中心、文旅部门等。

各地市的综合博物馆，以及各类专题博物馆在近年来发展迅速，无论是展览展品，还是公众教育，都可谓硕果累累，登录其官方网站后，也可以获取很多专业材料，而且随着博物馆对公众教育重视程度的提高，大量系列化、科普性的教育资料被制作出来。例如广东革命历史博物馆的"金牌解说在线"系列、南越王博物馆"镜头里的文物世界"合集、广州海事博物馆的"海事学堂"科普系列、清晖园博物馆"草木清晖"科普系列……各式的宣教系列形式多样，生动有趣。

图1　B站中搜索科普视频示例

最后列举的果壳网、星球研究所、《中国国家地理》杂志、视觉中国、《国家人文历史》杂志则是各类科普、视觉领域的佼佼者，其高水平的制作已经获得广泛认可。但由于版权等诸多原因，部分是需要购买实体刊物或支付费用的。

稍加补充的是视频类的材料，除了央视网的海量视频资讯外，哔哩哔哩（简称B站）作为目前国内最大的原创视频平台，容量巨大，是名副其实的黑科技视频网站。其中，科技科普、公开课等视频虽然不是它最重要的板块，但B站在这个领域的视频丰富度，首屈一指。除了很容易就能找到优质的教育视频资源外，所有的视频前面都没有贴片广告也是其优势之一。

（二）掌握关键的搜索技能

1. 搜索关键词的设置很重要

搜索引擎是根据使用者的关键词来进行检索的，关键词不同，搜索结果可能会有非常大的差异。因此，想要高效地进行搜索，就必须使用有效的关键词。那么，什么是一个好的关键词呢？好的关键词需要具备以下几个特点：简洁、准确、鲜明。

所谓"简洁"，就是干净利落，没有废话；所谓"准确"，就是要表述事物的本质特征，以专业术语为佳；所谓"鲜明"，就是要表明你的搜索目的。尤其注意是使用独立的关键核心词，切忌用一句短语进行搜索。例如，"归纳辛亥革命成功的意义"不符合上述特征，"辛亥革命 成功 意义"才是符合的。更改关键词设置，就不难发现关键词的设置对搜索结果有什么影响。一个小提示，没有关键词灵感的时候，可以从书的目录去获取关键词提示。除了目录，专业书籍里面也隐含着很宝贵的可供挖掘的信息。

2. 一个好的关键词，还可以巧妙地使用"黑科技"

例如，需要寻找课件时，如果直接输入"××××课件"，成功找到的几率较低。但是只需要在搜索关键词前加上"filetype：ppt"字样，就能使搜索引擎只搜索PPT文件了。相应地，如果使用"filetype：doc""filetype：pdf"，就可以找到Word或者PDF文档。这意味着你能用这种方法找到文件版本的文稿材料。例如：希望找到一个学生用于野外样方调查的表格，通过输入"filetype：pdf 高中 样方法 表格"可以得到以下搜索结果，点击后就是可以直接下载的完整文本。

图2　指定文件格式的搜索指令示例

关键词搜索时，常用的符号和指令还包括：双引号——代表"完全匹配"搜索，意义表示查询词不能被拆分，在搜索结果中必须完整出现。这样搜索会过滤掉推广结果中本来没有所搜关键词却冒充的网站，例如想要搜索"北京地坛"而不是分别带有"北京"和"地坛"的网页，就可以给词套上双引号。减号——代表所搜为不包含减号后面的词的网站，比如我们想搜索"昆明 书店"，出现了百度地图，但并不需要这个地图，那就这样搜："昆明 书店-地图"这样地图就不展示。星号（*）——表示通配，当不知道要搜索什么的时候，可以搜索"书店*"，这样在出来的结果中就会出现与书店相关的排名靠前的链接，再进行选择。

（三）注意筛选和整理搜集所得

1．辨别信息来源

对搜索引擎结果来说，结果页面的每一条链接都由三部分组成，最大的蓝色字体就是链接，小号的灰色字体是这个页面的摘要，而最下方的灰色字体，就是这个链接的来源了。

> **历史可追溯到宋明时期!台山这些海丝遗址,你都了解多少?**
> 2020年12月31日 广海卫城城墙遗址—大洲湾遗址—新地村天主堂遗址—台山海上丝绸之路博物馆—石笋村航海标志的江门川岛海丝文化游径还入选省首批历史文化游径。 在今年发布的...
> 🏛 江门市人民政府

图3　搜索引擎结果的显示方式示例

一般来说，我们可以把信息来源分为权威媒体、优质新媒体和其他媒体。权威媒体包括了"新华网""人民日报""央广网"等老牌传统媒体官方网站，或"中科院物理所""北京师范大学"等高校或科研机构网站，或"中国知网"等学术资料网站等。这些来源的信息往往比较可靠，在使用上也具有比较高的参考价值。优质新媒体包括了诸如著名科普媒体"果壳""丁香园""星球研究所"等粉丝数较多，持续生产了多年优质文章的新媒体。这些来源的信息，在它们所擅长的领域，其可信度并不比传统媒体差，甚至在某些方面要强过传统媒体。其他媒体，包括了"百度文库"等文档分享类媒体，还有各式各样的百家号、门户网站、微信公众平台等，这些来源的信息质量参差不齐，使用时需要多加甄别。

2．做好标记和摘录

教学材料搜集过程，往往伴随着阅读，过程中对符合自己需要的内容要进行标记和摘录，并按照主旨不同进行分类汇总，每完成一篇文献就增加了相应的积累，需要进行内容的汇总与精简。汇总与精简，也有几个小窍门：

（1）**符合课程**：在查找文献之前，我们已经有一个教学逻辑和结构的设计，在读文献和汇总的过程中需要选择与自己最初的设计相差不远的内容。

（2）**分类汇总原则**：汇总的时候记得分类汇总，例如同学科放在一起，同地点放在一起，史实型放在一起，研究型放在一起等，以免内容混乱，提高效率。

（3）**留意意料之外的内容**：学术期刊中有不少学术含量很高的内容，可以启发我们原本没有想到和没有设计的内容，如果觉得合适也可以汇总出来，作为教学的启发或补充。

（4）**切忌贪多**：不要对自己摘录的内容舍不得删，逻辑、结构和量都要适量，太多了难以消化。可以精简含有以下特征的内容：难以解释清楚的内容；具有争议的内容；超量、难度较大的内容。

（5）**整体性原则**：在整个过程中最主要的是自己的构思和设计，而不是被文献和汇总的内容牵着走，否则就会像拼接的答案一样，一定要确保教学的整体性。

最后，切记要**留下文字整理的记录，**以及把来源记清楚，也便于引注或翻看记录，如表3所示。

表3　某纹饰主题研学的参考文献整理示例

序号	文献名称	相关信息
1	北方草原艺术中"虎图腾"形象探源	崇拜"虎图腾"的包括中原、西南、东南、西北、东北等多个地区的氏族部落。其中，活跃于北方草原上的游牧民族遗留下的大量艺术品、诗歌、神话中，频繁出现"虎"的形象。活跃于北方草原的游牧民族中的一支或几支，其文化中的"虎图腾"崇拜，应起源于东北虎的故乡黑龙江流域。
		在北方草原艺术广泛分布的地区，如东北的黑龙江、乌苏里江流域，内蒙古的阴山地区，甘肃的黑山地区，新疆以及西南一些地区都出现了以虎为主题的岩画。
		大约在200万年前，虎的踪迹首先出现于中国南部地区，其后随着虎的不断迁徙开始扩散向亚洲各地。 其中一些虎的族群逐渐追逐随气候变暖而北迁的食草动物，到达现在的中国东三省地区、俄罗斯的远东地区、朝鲜半岛等地。
		在《中国动物志·兽纲·食肉目·猫科》中描写虎的生存生态时说："虎主要是栖息在森林或植被繁茂的山地。在我国东北地区，一般栖息在海拔1000米以下的丘陵起伏的山林、灌木与野草丛生的地方。"虎是属于深山密林的动物，广袤的北方草原很少能寻觅到老虎的踪迹。
		曾经活跃于北方草原的游牧民族中的一支或几支，其文化中的"虎图腾"崇拜，起源于东北虎的故乡黑龙江流域，后来这一图腾崇拜在漫长的时间中逐渐发展并且渗透到发源于黑龙江流域的游牧民族和部族。
2	北方地区所见金属器虎纹的初步研究	金属器上所见虎纹装饰起源于北方的夏家店上层文化，继而在春秋中期广泛发现于燕山南麓，春秋晚期至战国早期则在岱海地区兴盛，战国中期又在鄂尔多斯高原区及甘宁地区流行，之后又逐渐向西传播至新疆及欧亚草原中部区。
		金器虎纹的类别：单体虎纹、虎首装饰、虎噬食草动物纹、对称双虎纹、卷曲虎纹。
		从西周晚期开始，夏家店上层文化进入繁荣期，虎纹装饰由此正式发源，这时，虎纹与中原文化的联系就减弱了。
		我国北方地区属于欧亚草原东部区。相对于东部区，欧亚草原西部区因为地理环境，几乎没有虎的存在。
3	伏羲"虎图腾"与中国文化	"伏羲"音同"白虎"，故白虎成为吉祥之象征："白虎者，仁而不害，王者不暴虐，恩及行苇则见""德至鸟兽，白虎见""内怀圣明，白虎戏朝"（《艺文类聚》卷九九·祥瑞部下驺虞）。由白虎为祥瑞，推而至于凡动物之白化者，古悉以为祥瑞。然自脱离图腾时代而入经院哲学，虎配秋令主杀，白虎反为凶神矣（故《史记·天官书》星象之西宫独不取灵虫而曰"咸池"）。

（四）整合资源进行转化

当然，搜集文博资源还有不少个性化的做法，在此不再赘述。但可以肯定的是，海量的文博资源往往不能直接用作教学资源与学习资源，其中的转化工作是关键。常用的方法包括：调整采用、组合更新、筛选重点、拓展发挥。

广州市花都区博物馆曾举办"农运先驱"主题研学，研学的地点是花县第一届农民协会旧址，涉及的史实是大革命前夕花县农民运动的发展，相关的文博资料不算特别丰富，但其转化方法具有一定的代表性：

（1）调整采用：在运用文博资料的过程中，必须因时、因地、因人制宜地加以调整和变通，不能作简单的移植，必须根据研学实际进行调整，才能创出有质量且具有实际操作价值的研学设计。例如，《花县农会减租宣言》刊登于1924年8月30日的《广州民国日报》上，这份珍贵的文献资料，在经过了设计者语言表达的调整后，用作了研学环节中情景剧的台词，起到很好的气氛渲染和故事叙述的作用。

（2）组合更新：组合是对相关材料的再加工。要求对相近或相关的资源进行分解、归纳、综合和科学排列，使之系统化，并产生出新的内容和创意，从而形成更具综合性和跨度性的研学课程。例如，在花县第一届农民协会旧址中，有农协成立大会的复原场景。该场景只是展示了主席台上的人物和布置，但在花都区国家档案馆《花县大革命斗争史概况》中，有关于成立大会会场更细致的刻画。因此，结合复原场景，设计者以档案资料为依据，结合情境，设计了研学任务卡，学员通过完成任务，认识农会成立的经过，以及在推动农民运动发展中的有效宣传和组织智慧等。

（3）筛选重点：在转化文博资料的过程中，需要根据研学目标，把各种相关的资料进行精简或融合，尤其是阅读难度较大的学术资料或篇幅较长的文献记录，虽然内容丰富，富有研究价值，但普通学生却往往难以理解到位，这就要求设计者从中筛选出能对研学内容真正发挥作用的部分，并加以梳理消化，进行降维处理。例如，花县惨案发生后，1926年9月18日时任广东农协会代表彭湃发表了调查报告《花县团匪惨杀农民的经过》，呈现了花县农会成功领导农民反抗压迫的经过，是非常珍贵的文献材料。但由于文本篇幅有上万字之多，且牵涉了复杂的时间、地点、人物等信息，因此设计者只是截取了均和书院论战的经过，以此呈现彭湃的高尚品质及其在领导农民运动中的杰出贡献。

（4）拓展发挥：在整理文博资料的过程中，常常会遇到这样的情况，个别材料比较独立分散，有时甚至只是一些片段式的记录。因此，对其在内容上进行补充扩展就很有必要，或从形式上加以发挥，使之深入浅出，以点带面，为学生创设开展探索的立足点，并有所收获。例如，在农会成立大会上，阮啸仙曾写下对联"坚忍卓绝为吾人本色，艰苦奋斗是我辈精神"。虽然只是当时的一个片段，但对联所弘扬的正气依旧鼓舞人心。因此，研学中围绕着该对联，设计出解读讨论、诗文朗读、联手书写等环节，用于总结升华和致敬仪式。

简而言之，文博资料的转化难点在于四个方面：要始终紧扣为课程服务的主旨；要有进一步搜集的意识；要有遴选的技巧；要有进一步整合设计的行动。下面，通过上川岛研学案例的分析，相信会给大家带来一些启发。

二、从文博资料到研学现场——以上川岛研学为例

台山上川岛是一处著名的旅游景点，不少游客慕名而至，休闲娱乐、观海冲浪，不亦乐乎。然而，上川岛位于古代东西洋航海路线要冲，是古代番舶往来中国南海海域的途经地之一。自宋代开始，就是广州通海夷道（海上丝绸之路最早的叫法）上的"放洋"（远洋航行至国外）之地，也是国外朝贡船只停靠之地，连16世纪早期的欧洲航海地图中，上川岛也被标注为贸易之岛，其作为海上丝绸之路重要节点的地位不言而喻。地理环境与气候条件、古代海丝文化遗存、散落各处的西方建筑遗存，构成了上川岛探究的不同层面。无疑，这是一处优质的研学点，那么如何开发研学资源，打造课程？

（一）规划探索重点

在进行研学课程开发之前，搜索资料可以帮助设计者更全面地了解目标研学点的情况。提前确定探究重点，可以更有针对性地进行搜索，提高效率，也能提升资料使用的有效性。

以上川岛研学为例，探索的重点可以从三个方面展开：

一是自然条件。包括地理位置、气候特点、地形地貌、水流风向、植被特征

等，作为孤悬海中的岛屿，自然因素对当地的发展和生活生产具有决定性作用。其独特的资源禀赋，包括基础设施和交通状况等，也在当地历史发展中充当重要角色。

二是历史沿革。从上川岛本岛的历史沿革出发，结合特定历史时期国内外的经济发展水平、科技发展水平、政策环境、国际交往状况、关键历史人物等，可以更系统全面地认识上川岛与海上丝绸之路的关系。

三是史迹考古。上川岛留有一定数量的历史建筑遗存，且近年来，若干重大的考古发现也让上川岛与海上丝绸之路的研究在纵深层面上得到拓宽。考古作为其中的关键行为，是很值得加以认识、拓展的。

（二）围绕探索重点展开资料搜集

探索重点确定以后，接下来就是梳理出基本的搜索渠道。例如围绕上川岛的三个探索重点：自然资源、历史沿革、考古发现展开搜索会发现，其相应的权威资料很丰富，虽然资料个别存在交叉，但由于领域不同，还是需要在不同的搜索渠道中进一步搜寻。

首先是**自然资源的搜索**。权威资料可以通过科学院、研究所等相关资料库获取，例如广州地理研究所对上下川岛地貌考察的报告。在《上下川岛地貌考察》中详细说明了上川岛中港湾丘陵台地海岸的状况，以及岛中有关湾内堆积、近岸岸坡、湾内淤积、植被覆盖、河流走向等特点，并对其形成港口的若干原因进行了详细分析说明。

除了港口形成的地理条件，航海路线为何能形成才是至关重要。这就不得不提形成海上丝绸之路的自然因素——季风与洋流。因此，作为补充，需要对洋流这一地理概念进行必要的资料储备。

考虑到现场实操性，可视化的实时全球洋流数字化资源作为研学辅助是不错的解决方案。正如日常大家也会接触到的台风实时路径、天气实况等，都有类似的开放数据，并设有相关网站。同理，洋流也有数字化的资源可用。通过输入关键词"洋流 观测"，搜索结果中就有若干数字化监测数据网站，包括气象局、可视地图等。国家气象科学数据中心是最具有权威性的开放共享平台。

图4 国家气象科学数据中心实况图示例

其次就是**历史沿革及考古发现资料的搜索**。2016年6月，经国家文物局公布，位于上川岛的大洲湾遗址和圣方济各·沙勿略墓园入选世界文化遗产申报推荐项目——"海上丝绸之路：中国史迹"的首批申遗点名单，有关台山海上丝绸之路遗存的发现与研究自然有不少资料可供参考。这批资料中，既有大量的历史文献、权威的研究文章，也包括了部分的考古报告，因此历史沿革及考古发现的资料搜索可以交叉进行。搜索途径则可以围绕申遗的相关资料展开，如申报的资料合集等。搜索档案馆、文献馆、图书馆等资料库通常也会有发现，例如，江门市图书馆汇集了2016年以前有关台山海上丝绸之路最详尽的文献资料，包括了资料汇编和图录，后又以2016年入选首批申遗点名单为节点，对上川岛与海外贸易及中西文化交流相关的陆地及水下遗址、遗迹开展了全面的调查和勘探，使得国家文物局水下文化遗产保护中心、广东省文物考古研究院又增添了重量级的研究成果，而这些详尽的资料都可以在江门市图书馆官网进行在线或下载全文阅读。

图5 江门市图书馆网页首页截图

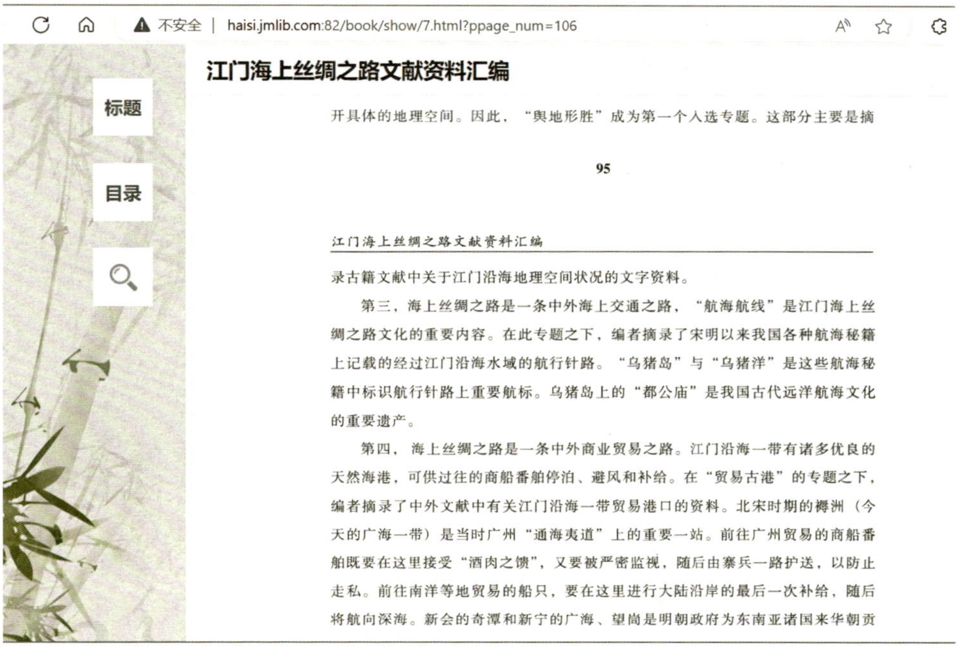

开具体的地理空间。因此，“舆地形胜”成为第一个入选专题。这部分主要是摘

95

江门海上丝绸之路文献资料汇编

录古籍文献中关于江门沿海地理空间状况的文字资料。

第三，海上丝绸之路是一条中外海上交通之路，“航海航线”是江门海上丝绸之路文化的重要内容。在此专题之下，编者摘录了宋明以来我国各种航海秘籍上记载的经过江门沿海水域的航行针路。“乌猪岛”与“乌猪洋”是这些航海秘籍中标识航行针路上重要航标。乌猪岛上的“都公庙”是我国古代远洋航海文化的重要遗产。

第四，海上丝绸之路是一条中外商业贸易之路。江门沿海一带有诸多优良的天然海港，可供过往的商船番舶停泊、避风和补给。在“贸易古港”的专题之下，编者摘录了中外文献中有关江门沿海一带贸易港口的资料。北宋时期的溽洲（今天的广海一带）是当时广州“通海夷道”上的重要一站。前往广州贸易的商船番舶既要在这里接受“酒肉之馈”，又要被严密监视，随后由寨兵一路护送，以防止走私。前往南洋等地贸易的船只，要在这里进行大陆沿岸的最后一次补给，随后将航向深海。新会的奇潭和新宁的广海、望峒是明朝政府为东南亚诸国来华朝贡

图6 江门市图书馆网页《江门海上丝绸之路文献资料汇编》正文截图

（三）资料的转化与研学应用

然而，没有经过甄别和转化，再丰富的研究资料也无法为研学所用。关于上川岛的相关资料很丰富，但引导学生在研学中如何使用更重要。使用得当，不仅可以为学生带去丰富的背景知识，更能引发学生主动参与，使学习走向多元与深入。

要想实现这一点，结合现场，设置带有思考性的问题便是关键。在上川岛研学中，可以先通过登山，沿路观察上川岛的岸线，然后在选定观测点中设置问题：“如果是风帆时代，此刻是否适合启程远洋航行？如果可行，沿着下南洋的天然航线到达目的地爪哇岛，需要行驶多长时间？”解决这个问题，学生需要学习使用监测工具如风速仪、海拔气压计等，并进行现场操作，结合数字化监测数据网站及地图，进行信息记录和计算分析，最后对以上问题做出回答，如图7、图8。很显然，结合现场的实际知识运用既有趣味性，过程也比直接知道答案更具有探索的获得感。

对于其他两个探索重点，由于资料众多，可以梳理出不同的主线，例如海上丝绸之路的起源与变迁，船舶技术与航海技术的发展，不同朝代的经济和文化状况等，主线梳理完毕后加以考量，再选择其中之一作为研学内容的设计主线。例如可

图7　上川岛实时气象数据截图（出自https://earth.nullschool.net/）

图8　风车山上海岛地貌观察（广东省博物馆"驿路同游之台山研学"）

以以考古调研与挖掘为主线，围绕"考古资料怎么获取""考古工作怎么开展""考古材料如何解读""考古发现和文献记载怎么互相印证"等设计探究问题。

在上川岛的现场研学中，我们设置了故事解谜还原考古过程的活动，过程中通过解开三个谜底推进故事发展。

故事从几块特别的瓷片展开第一个谜题："瓷片的主人会是谁？"通过比对瓷片上的人物画法、葡萄牙标志性的十字架形底款、铭文等相关资料，可以基本判断出瓷器为外销瓷器，其中还有部分是订制瓷。由此解开谜底：主人是"海上而来的葡萄牙人"。

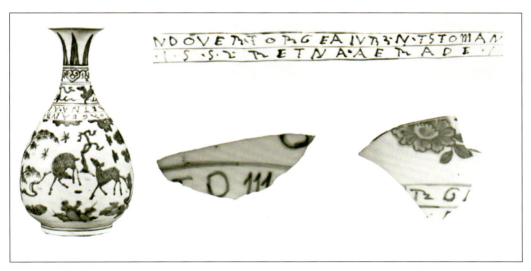

图9 大洲湾遗址采集瓷片与葡萄牙文玉壶春瓶的铭文对比[1]

图10 大洲湾出土的青花圣十字架纹饰瓷片与葡萄牙"基督圣教"标记、葡萄牙曼努埃尔一世时期的钱币、16世纪葡萄牙帆船图对比[2]

随着故事发展，学生们来到俗称花碗坪的海滩，海滩上有大量的同款瓷片，因此形成了第二个谜题："为什么会有大量的瓷片堆积，这里到底发生过什么？会是沉船吗？"

解谜需要从大洲湾遗址中的一处遗存开始：以《广东台山上川岛大洲湾遗址2016年发掘简报》中遗址发掘区遗迹分布图为依据，一边寻找现场对应的遗迹，一边解读利玛窦

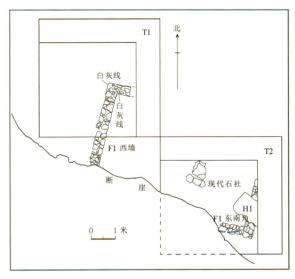

图11 大洲湾发掘区遗迹分布图（出自广东省文物考古研究所《广东台山上川岛大洲湾遗址2016年发掘简报》）

《中国札记》、方济各·沙勿略信件等资料中的对应信息，逐步推断出上川岛是澳门正式开埠前，葡萄牙人在华的一处重要贸易据点，明代正德至嘉靖年间的四十余年是葡萄牙人在上川岛活动最活跃的时期，并最终解开谜底"瓷片是临时贸易点的自然遗留，并非沉船所致"。

图12　大洲湾遗址观察文化堆积层（广东省博物馆"驿路同游之台山研学"）

　　故事继续进展，既然上川岛是葡萄牙人的停靠之地，第三个谜题随即出现："作为大航海时代的海上霸主，为什么他们如此钟情上川岛？除了贸易往来，他们还会在岛上做什么？"

　　要解开这个谜底，需要从见证者、见证物着手。在《江门海上丝绸之路文化遗产图录》中，有几张老照片和手绘图都显示出同一个地方。关键地方的寻找过程，正是考古田野调查的初步体验，学生通过与岛民交流，既发现了西方文化在上川岛中留下的痕迹，也寻找到西方文化民间传播自然发生的痕迹，因此获得了上川岛的历史上发生过中西方文化碰撞的事实结果，这一结果也很好地印证了海上丝绸之路在文化交流中发挥的重要价值。

图13　新地村村民手绘被毁前天主教堂[3]

图14　1927年天主教堂全景[4]

墓园教堂　　塔顶山十字架

新地村天主教堂

图15　上川岛两座教堂及山顶十字架油画[5]

综上，基于不同途径所得的教学资料的有机应用，以地理考察、考古等方法开展探究，用故事进行串联，使上川岛自然条件、历史沿革、史迹考古三个层面的探究顺利完成。学生不仅得以理解上川岛作为"海丝"重要节点的因果关系，以及在文化交流、贸易往来等诸多角度的具体意义，更在此过程中拓展了实践性的技能，并始终保持充分的好奇心和探究带来的成就感，而这也正是研学最令人深感激励之所在。

以上，是关于文博资料搜集和运用的重要性以及一些有效方法的探讨。资源搜集可以获取信息和知识，而如何运用和转化是关键所在。合理地规划和组织，可以更加高效地搜集资料，并将其应用于研学中。同时，强调资源的筛选和评估能确保我们所使用的资料具有可靠性和准确性。最后，不断学习和更新知识至关重要，资源的搜集和运用是一个不断发展和变化的过程。研学更是动态过程，而这正是最大的挑战所在。所谓学海无涯，探索不息，这对师生都适用。

－注释－

［1］吉笃学. 上川岛花碗坪遗存年代等问题新探［J］. 文物，2017（8）：59-68.

［2］黄薇，黄清华. 广东台山上川岛花碗坪遗址出土瓷器及相关问题［J］. 文物，2007（5）：78-88.

［3］石坚平. 江门海上丝绸之路文化遗产图录［M］. 广州：广东人民出版社，2016.

［4］石坚平. 江门海上丝绸之路文化遗产图录［M］. 广州：广东人民出版社，2016.

［5］Les Missions Catholiques［J］. 1915：577（1915-12-03）.

研学中的"以学生为中心"：
论研学内容设计的多样化

　　说起"以学生为中心"，估计大家都觉得这是老生常谈。其实，"以学生为中心"有几种不同的理解。

　　在李海林所著的《美国中小学课堂观察——一位教育学教授的笔记》一书中，提及两种截然不同的"以学生为中心"的概念。一种是我们惯常理解的，让学生在课堂上多动脑、多动手，让学生成为课堂的主体，说白了就是把课堂时间更多留给学生。同时，更重要的还在于根据学生的需要与能力方向进行持续引导。

　　而另一种"以学生为中心"，实则指的是让学生自主选择课堂。更多不是一种教学方法的问题，而是教学内容的取舍问题。就是让学生有权利选择要学什么，只要是从学生个体出发选择需要学或想学的内容，不管课堂时间是不是以学生活动为主，都是以学生为中心。[1]

　　前者更类似在授课模式上的讨论，讲授法、活动法，不同模式的比例问题，这一方面我们已经比较熟悉；后者则集中在学生对于学习内容的自主选择上，本文力图在这一观点上，结合研学特点展开讨论。

一、研学中的"以学生为中心"

　　那么，这种教学内容选择上的"以学生为中心"，适用于怎样的教学场景呢？我们知道，在校内，每一堂课基本都有一个明确的"中心"，课堂时间与形式都围绕这一中心展开，这个"中心"在教学内容要求范围内，不同的中心组成循序渐进的知识体系。而教学内容选择上的"以学生为中心"，就意味着在同一课堂，会有多个"中心"。老师确定好一个活动情境，或者一个总目标，在这个情境与目标下，学生根据需要与兴趣选择要学习的内容。

研学恰恰就具有"学习内容自主选择"的先天优势。这与研学的特质有关，研学作为推进素质教育的重要途径，教育工作者在实施过程中就需要重视与关注不同学生的特点差异与学习需求。而大量研学点、多样化的资源为细分出不同的研究内容提供了可能，可以给学生提供更多的自由度与选择性。

在人本主义学习理论里，特别提出"学生中心的教学观"，强调个体在学习中的自主性；强调真诚、真实地面对学生、尊重学生，完全地理解、接纳与信任学生，让学生自由学习。

那么如何实现研学中的"以学生为中心"？真的是让学生想学什么就学什么吗？不同内容之间又如何在同一个情境与目标下展开？学生完成不同内容的探究后又如何整合？接下来，我们尝试从自然科学类、市政工程类、人文历史类不同类型的研学项目讨论一二。

■自然科学类研学中的"以学生为中心"课例分析

课程背景

韶关仁化丹霞山是世界自然遗产、世界丹霞地貌的命名地、全球首批世界地质公园，被联合国教科文组织列入《世界遗产名录》。由于具有丰富的地质、自然与人文资源，此地为开展多主题的跨学科研学探究提供了教学材料保障。而真正的跨学科主题学习需要从现实情境出发，提炼出更多跨学科课程研究的视角，进而整合生成全新的课程。

设计与实施

"让丹霞国宝活起来""实现丹霞山的可持续发展""创建丹霞科普小镇"等主题就可成为现实而有意义的探究核心与情境问题。从统一主题和探究问题出发，再细分出不同方向的探究内容，给学员提供丰富的选择权利。同时，学生不仅需要分别认识丹霞山地质地貌、生态环境、人文历史等方面的内容，还需要对各方面的时序演变、因果相成、关系交织等进行梳理和推演。最后运用实验演示、现场观测、图例展示、模型制作、研究报告等方式，实现所选内容方向的综合探究。

围绕以上主题，结合丹霞山资源禀赋，可以从以下三方面的研学内容入手。

1．从地质角度来看

丹霞山是地壳演化的教科书，是中国乃至世界上最典型、最优美、生态环境最好的丹霞地貌代表。作为丹霞地貌的命名地，具有典型性、多样性和不可替代性。丹霞山地层、构造、地貌表现、发育、环境演化等方面的研究，在世界丹霞地貌区中最为详细和深入。

课程实施上，先以讲授课的形式给学员建立对丹霞地貌的基本概念认知，为现场探索科考线做好铺垫。在现场科考时（如图1），同学们结合现场自然条件，对不同的地质地貌形态，进行形态辨认与成因分析。

进而围绕主题可以开展"丹霞地貌会有怎样的发展趋势？""如何进行高危岩石的检测与评估，预防地质灾害的发生？""丹霞地貌的研究对所在区域产生了哪些影响？"等问题的探究。

图1　丹霞山现场地质形态观察（丹霞山管委会"国宝丹霞"研学）

2．从自然生物角度来看

丹霞山是自然生态宝库。优良的自然地理条件，以及错落分布的地质特点，使丹霞山成为动植物理想的栖息地和繁育基地，是丹霞地貌景观类型重要的生物基因库。

结合丹霞山科考线现场开展的生物多样性探索、特有物种生存条件测量，强调现场实证，学习规范使用记录仪器，并进行准确的信息记录与分析（如图2）。

除丹霞山植物多样性调查外，还可围绕主题开展其他探究，包括丹霞山岩壁植物生存对策分析、植物对环境的适应与改造等。

图2　丹霞山现场自然观察（广东省博物馆"驿路同游之韶关丹霞山科考与相关古道研学"）

3．人文方向的课程实施

丹霞山是人类创造的集大成之地。因丹霞山境内青山绿水、锦石丹岩、奇峰异窟、钟灵毓秀，自古游人不绝，他们或纵情览胜或留居其中，更因聚居形成了数量众多的古村落、古岩庙、古山寨，留下众多诗词歌赋、传说民俗，展示了独特的文化遗产。

其中，丹霞山摩崖石刻2013年被列为第七批全国重点文物保护单位，石刻的年代上起宋代，下至民国，共有111处，其中宋刻8处，元刻9处，包含了丰富的社会历史信息、极高的文化艺术价值以及历史研究价值，无疑是丹霞山中熠熠生辉的国宝之一。

图3　丹霞山摩崖石刻探究（丹霞山管委会"国宝丹霞"研学）

我们可以将"摩崖石刻的保护"作为探究主题之一，围绕这一问题，学生需要剖析摩崖石刻具有哪些价值，保护的意义何在；目前摩崖石刻的保护现状如何，如何开展调查；可以怎样开展保护，有什么困难等问题。看似解决的是摩崖石刻的问题，但实际是在运用理解、分析、综合、评价与创造等高阶思维（如图3）。

■市政工程类研学中的"以学生为中心"课例分析

课程背景

广州市地铁博物馆以地铁的科普知识为核心，用数字化、模型和实物体验等多种手段呈现广州城市建设和轨道交通行业发展成果。博物馆展项共分为十个站点，既展示了广州地铁在建设、运营、科研等方面所取得的成就，也将地铁科普、地质知识、应急常识带给每位同学。广州市少年宫融合教育部组织的"开FUN课"项目，让同学们在学习知识的同时也可以透过广州地铁的成长洞见城市的发展，通过地铁的开创精神引发作为广州人的身份认同和自豪感。

设计与实施

我们以"建造一条了不起的城市地铁"为主题与情境问题，展开探究，同学们可以结合绘本阅读等共同脑力激荡，分析建造地铁需要完成的工作。

依据探讨结果，引导分组探究内容设计如表1：

表1　"建造一条了不起的城市地铁"分组任务表

分组	目标	小组任务
第一组：地铁设计小组	通过设计地铁的任务，让学生了解地铁设计过程中需要考虑的因素。	1. 提供一份城市地图让学生按照一定的条件和需求设计一条地铁线路图； 2. 让学生在地铁线路图上设计站点并解释设计的理由（考虑人流、便利性等）。
第二组：地铁施工小组	通过地铁建造过程的还原，让学生了解地铁建造过程中的技术手段、困难和解决方案。	1. 通过地质剖面图让学生分析地质情况，确定使用的建造方法； 2. 预计在建造过程中所遇到的问题并提供解决方案。
第三组：地铁运营小组	通过地铁的运营方案设计，让学生了解地铁如何更好地服务大众。	1. 设计地铁安全运营的方案（包括站内的设施配备方案和紧急情况应对方案）； 2. 分角色模拟紧急逃生演练（角色：列车员、乘客、站台工作人员）。

我们来看看具体的课程实施情况。

地铁设计小组，以社区地图为蓝本，为周边居民设计一个最美的地铁站。从连接外部的出入口，到站内设施配置，都能充分体验孩子眼中色彩斑斓的世界与满满

图4　学生根据各类场所分布设计地铁出口（广州市少年宫"开FUN课诗意游岭南"融合系列活动）

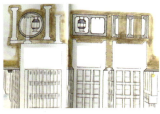 

图5　加古里子《地铁开工了》绘本中各类施工状况图解

图6　同学分享施工建议（广州市少年宫"开FUN课诗意游岭南"融合系列活动）

的善意。这一小组，更多需要具备设计思维，具有乘客视角的同理心，考虑怎样的体验符合用户需求（如图4）。

对于**地铁施工小组**来说，施工过程中，挖到了宝藏怎么办？地下有各类管道怎么办？地铁要穿过大厦地基怎么办？所经地层有大石头怎么办？地铁施工小组根据在博物馆与绘本中所了解的信息，开发脑洞，给不同的地质环境出主意。这一个小组，就需要学生对工程实施有一定的兴趣（如图5、图6）。

而作为**地铁运营小组**的一员，要考虑到地铁作为公共设施与空间，如何保障良好的乘车环境与秩序。同学们通过自身的理解，进一步向大家分享注意事项，让良好的乘车习惯互相传播，加深印象（如图7）。同时，还需要考虑地铁作为公共交通工具，日均客流量庞大，服务群体多样。不同人群对乘坐地铁的需求也各异，如何保障各类乘客，特别是一些有特殊需求的群体能便捷出行是提升地铁服务的关键要点。这一组，需要具有服务精神，以及良好的沟通能力。孩子们通过访问调查、情景观察、头脑风暴以及角色扮演，真切地体验了特殊人群出行的困难与需求，从而能设身处地替他们着想，设计出了很多很有创意的改善方法，例如盲道、导盲犬、行李传送带、团体票等等。虽然不是每个方案都能实现，但是通过这样的思考，孩子们多了一份体察和共情，添了一份社会责任感与城市归属感（如图8）。很多孩子都表示，以前从来没有意识到在地铁这么一个大家再熟悉不过的环境中，原来有那么多人会面临着这样那样想象不到的困难。

图7　同学们分享如何开展地铁乘坐秩序的宣传（广州市少年宫"开FUN课诗意游岭南"融合系列活动）

图8　同学们在讨论地铁的便民方案（广州市少年宫"开FUN课诗意游岭南"融合系列活动）

■历史人文类研学中的"以学生为中心"课例分析

我们最后再简要分析一下历史人文类研学如何实现主题归纳与内容细分。

课程背景

我们以在辛亥革命纪念馆开展"辛亥革新"主题的研学活动为例。辛亥革命，是指发生于公元1911年至1912年初，即中国农历辛亥年（清宣统三年），旨在推翻清朝专制帝制、建立共和政体的全国性革命。辛亥革命纪念馆坐落于广东省广州市黄埔区长洲岛，是为纪念辛亥革命百年而建的大型专题性纪念馆。辛亥革命推翻帝制，推行共和，不仅改变了国体及政体，而且给社会带来了自上而下的变革，包括思想观念、科技应用、经济生产、教育制度、历法行事、礼仪习俗、生活日常等方面。

设计与实施

从这一主题出发，研学内容可以细分为技术应用、语言演变、服饰礼仪、学校教育等方面，让参与学员能直观地认识辛亥革命对于社会变革的影响，可以体会与充分理解社会进步与变革所需要的元素与力量，理解辛亥革命的进步性所在，理解从小事做起对于推动事物发展的重要性。

在具体实施中，我们通过一些活动让学员先理解这些变革的体现，例如在"技术应用"方面，学习无线电电报机的模拟安装；在"语言演变"方面，学习文字变化与解读；在"服饰礼仪"方面，开展角色扮演及模拟情境演绎；在"考试教育"方面，完成辛亥革命前后小学考试考题并进行对比。通过活动理解变革的概念，再通过收集博物馆信息与历史资料，进一步对辛亥革命引发的各方面的"革新"做探究，从而对某一角度的"革新"发生的原因、具体事例及意义形成较完整的理解。

二、"以学生为中心"在研学设计与实施上的一些反思与对策

1．当我们讨论"以学生为中心"时，究竟在讨论什么？

从让学生主动选择的角度来说，不仅仅是指研学内容的自主选择，还包括与学生共同制定研学守则，让学生参与规章制度的实施、研学资源的分配、研学过程的组织工作，等等。当我们给予了充分的信任，让他们做研学的主人，让他们对自己的选择完全负责，他们就不再是被动的配合者、参与者、被评估者，而是主动的组织者、实施者与评估者。身份角色的转换或许才是诠释"以学生为中心"的更好方式。

2．学生只是从一个方面探索研学主题，不会以偏概全吗？

首先，无论怎么做，我们对事物的认知都没有办法在一个时段获得全面的理解，而同学们基于不同的关注点与兴趣特长开展探究，在面对一个复杂情境问题时，能形成自我在某一方面的理解与思考，已属难得。

此外，在研学总结环节，每个团队以分享与展现成果实物的方式展示，一定程度上也可以让学员获得大概的总体理解。内容分组完成的好处就在于大家在同一个时间段内可以经历与体验更多的内容。通过他人的分享，可以了解其他内容组的

收获与体会，在这样的分享中，大家可以共同构建一个相对完整的认知。例如在地铁博物馆的小组分工里，每一个成员除了自身深入探究的板块，还可以从设计、施工、运营的角度来了解地铁，并且可以通过对比反思研学的过程与结果。如果有额外时间，导师还可以引导大家讨论，给其他团队提出问题，评价其他团队的表现，总结自身团队的优势与不足。这一过程中，导师应以鼓励为主，多捕捉闪光点，多关注建议，促进大家共同的提升。

3．真的可以实现"因材施教"吗？

结合学员的特点与需要开展相应教学内容，本质上就是"因材施教"。但是，如何真正识别学生的特点与需要？

结合实践经验，从"辛亥革新"中技术应用、语言演变、服饰礼仪、学校教育这四个探究角度来说，一是从语文、历史、外语、科学等不同学科兴趣出发；二是结合学生对"辛亥革新"的不同理解与问题阐述；三是结合学生在文字组织、演绎、动手创作的不同能力偏向。从学科认知到问题理解，再到能力倾向，进行探究内容与学生的匹配。

问题又来了，作为首次和学生见面的研学导师，同时在研学时间紧迫的情况下，如何可以快速识别学生特点？

必须承认，如果校内带班老师能够提供一定的识别、引导与选择判断，甚至有相对充分的事先沟通，将大大提高操作的可行性。若非如此，研学导师可通过行前课完成特点识别，或者直接通过一些研学现场活动，例如研学点的讲解、问题的提出等来推动学生去发现自己的兴趣点及想要解决的问题方向。

4．如果是大体量（如几百人）的研学团队呢？还可以这么精细化操作吗？

研学团队规模过大，确实会直接影响研学的精细度。很多时候，研学活动的组织目标就会转移到"安全与秩序"这一要素中，对于研学质量的把控相对难以兼顾。但其实，这是经验、能力、用心与成本的衡量，大体量研学团队与研学精细化本身并不天然存在矛盾。

例如，在面对小型研学团（如50人以内）时，我们可以通过第3点提及的方法，一起通过活动、问题与探讨区分探究内容，某种程度上由学员"生成"探究方向，再结合导师建议匹配在地资源，循序渐进地进入各自的探究环节；而面对大体量研学团时，我们可以先细分内容板块，学员以选择方式对号入座（可行前完成），后进入不同的研学空间开展探究。

5．研学配置如何满足多样化选择？

导师如何安排？如果有不同的研学内容方向，对导师的数量与学科能力的要求是否很高？是否每个组都需要导师带领？这需要视任务的完成范围与程度安排。如果针对小学高年级以上的学生，且是在室内（如博物馆）完成的项目，可以由组长带领完成。相对范围较广的区域或程度较深的任务，则需要有导师带领，具体的带领人数可以视师生配比的人数而定；对导师的具体要求则视任务的性质而定。

以上，我们看似讨论了以学生为中心进行内容选择与自主探索的过程，实际上，我们是在讨论学员与学习的关系问题。在实际的学习场景中，绝大多数时候，我们对学生学什么有着明确的范围要求与学科目标，以达成相对明确的、可评估的学习成果。但通过研学旅行这一种校外的学习模式，我们提供给学生多一种学习内容的选择性，也是在给成长另一种可能性——在选择当中发现自己、证明自己、构建自己，进而在把握选择权中尝试做好人生的选择题。

－ 注释 －

［1］李海林．美国中小学课堂观察——一位教育学教授的笔记［M］．北京：教育科学出版社，2015：103-105.

为博物馆展览加持：论学习单的设计

广东省博物馆曾举办"南北通融——南粤古驿道"展览，展览从广东省内遗存的古驿道入手，通过300多件/套与道路、人员和商贸有关的历史文物和历史见证物，以自然、历史、文化、复兴四部分，讲述南粤古驿道悠悠千载中的兴替变迁。

道路既是人类文明发展的基础性设施，也串联了风景，承载着历史，然而时光磨灭了记忆，如今更是难以想象曾有多少人的故事在古驿道展开。于是，今天的人们总忍不住猜想，如果身处古代，古驿道上会有什么样的人和事，他们又经历怎样的景与情？于是，相关的宣教团队以《唐六典》《开凿大庾岭路序》等古籍记录为依据，围绕展览设计出"驿路走来——古驿道通行证"的主题学习单（如图1）。学习单中有书生、官员、商人三个角色类型，对应不同任务，观众选择好喜欢的人物后，凭借通关小任务便可以了解展览的关键内容，例如：古代南粤人如何与外界联系？他们与外界交流的需求都有哪些？途经南粤古驿道入粤的人主要是什么身份？他们为何要进入被视为"蛮夷之地"的广东？他们是如何进入的？给当地人带

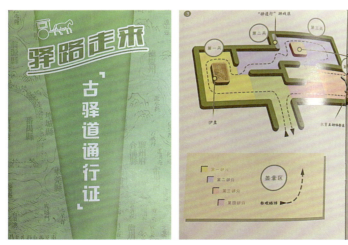

图1　"驿路走来——古驿道通行证"学习单（广东省博物馆"南北通融——南粤古驿道"展览）

来了哪些影响？……相比起纯粹问答式的学习单，这样的学习单更能拉近展览和观众的距离。那么，展览具体需要怎样的学习单呢？

一、看展览，孩子们都看懂了吗？

越来越多的亲子家庭与青少年走进博物馆，从他们在展区中的参观路径和行为，以及在参观后进行的交流中，可以发现他们在参观展览时存在一些困惑：

其一，对主题的理解较为片面。观众对具体的展品或解说能有比较直接的体会，部分也能理解到初步的展览线索，如时间脉络、地点线索等，但对于设计者希望表达的深层次逻辑主题，如关于某一命题的反思，对于某一时空历程的挖掘和追忆等，大多数观众可能无法体会。

其二，错过展览中的巧思。由于参观者的观展动线是自由选择，他们根据自己的兴趣，对于大型的或重点展示的展品往往投入更多的时间，但对于相对细小的或者是非重点展区的展品会容易忽略。但这些展品却有可能独具内涵，忽略了这些展品，就可能会对展览内容产生疑惑，或错失某些展览资源。

其三，对展品出现误读。由于展览展示信息有限制，观众难免对个别展品存在认知匮乏的情况。尤其是年龄偏小的观众，如果缺乏引导，或者得到的解释是零碎的不准确的，就很容易会对展览感到迷惑，以至于失去兴趣。

那么，如何弥补目前策展中存在的一些问题，更好地利用展览资源，理解展览，从而达到展览传播目的？诚然，可以通过讲解、举办讲座、发放宣传册等方式解决部分问题，但对于大体量观众尤其是青少年群体观众，作用可能会大打折扣。因此，在无法对物理空间和展品做改动的前提下，通过设计参观学习单来尝试改善上述问题是目前展览中常用的方法。

学习单，其定义尚不统一，但一般指文博场馆为协助教师或家长指导青少年而设计，引导参观及进行学习的教育资料，同样适用于青少年自主学习使用，也被称为学习纸、活动单、任务单、学习手册等。其特征包括：供给观众在现场参观中使用；以问题或任务为呈现形式；注重博物馆与观众双向交互；旨在促进博物馆学习的有效发生。与博物馆提供的传统学习资料不同，学习单没有用大篇幅的文本介绍专业背景知识，而是以简明生动的文字向观众提出问题或发布任务，引导观众自主探索展品及展览背后的信息。

二、学习单只是展览的配套试卷吗？

博物馆学习与校园学习存在根本差别，学校的试卷或练习纸是借由课堂授课或其他情境的创设，检测学生对已经学过的知识是否掌握；而在博物馆语境下，约翰·福克在《博物馆体验再探讨》一书中将观众分为了五种"身份"：探索者、导览者、专业人士、寻求体验者、充电者。故此，绝大多数观众进入博物馆渴望的并非检测自己的知识水平。如果学习单就只是作为展览的配套测试卷，从本质上就失去了博物馆学习单设计的意义。因此博物馆学习单的功能界定尤为重要，以下试结合具体实例从三个维度进行论述：

（一）学习单能否帮助参观者更好地认识展品？

博物馆主要依托实物进行信息传播，并且展品都附有相应的介绍，观众通过观察展品，阅读说明牌上的文字信息，或多或少会对展品留下印象，但对于一般观众而言，还是会出现一些盲点或难点。显然，只是"让展品自己说话"，对一般观众是不足够的。因此，使用中间媒介对展品信息展开阐释显得尤为重要。这里所说的阐释并不是事实信息的简单传递，而是强调通过个人体验或借助功能性媒介来揭示事物之间的联系，将展品背后的信息显性化、深入化。[1]优质的学习单能通过问题或任务，发挥引导观察、思考展品深层信息的功能。

例如广东省博物院以潮州木雕展为对象，设计了名为"蝠到福到"的活动，配套学习单（如图2）中对于蝙蝠纹饰的阐释便是较为理想的参考案例。学习单由两部分构成，先是根据纹饰写出对应的带"福"字的俗语，然后根据展厅地图找寻文

图2　"蝠到福到"学习单（广东省博物馆常设展览"漆木精华——馆藏潮州木雕艺术展"）

物，体会纹饰与寓意相结合的美好意蕴。这样的设计有三个亮点，一是能与观众产生联系，连接观众的既有生活经验与好奇心。二是成功吸引观众注意，让观众有目标地寻找展品，并与展品产生互动。三是很自然地解释一些很重要但容易被忽略的文化现象。

（二）学习单是否能帮助参观者更好地理解展览主题？

由于博物馆以实物作为学习的主要对象，信息传播的方式通常是静态的、独立的，这就导致一般观众难以获得连续的动态印象，无法直接组织起展览的连续叙事线，达到结合展览主题开展探索思考的博物馆学习目标。为解决这一困境就需要在充分理解展览实物和展览空间的基础上，对相关资源进行整合。学习单作为一种符号化的图文系统，不仅具有便携的优点，更可以凭借文字和图表等强化物件之间的联系，并以主题和叙事使静态的物件生动起来。而且，学习单正是以实物展品为基础，以带有引导性质的动线设置，以更宏观的视角对展览内容进行灵活组合，利用现有资源重构新的叙事逻辑，为观众带来更有质感的观展体验。

例如，广州博物馆"百件文物读广州"展览以100件馆藏文物阐述广州两千年积累而成的历史人文沉淀及精神内涵。配套的学习纸"碑刻里的广州"（如图3）一边

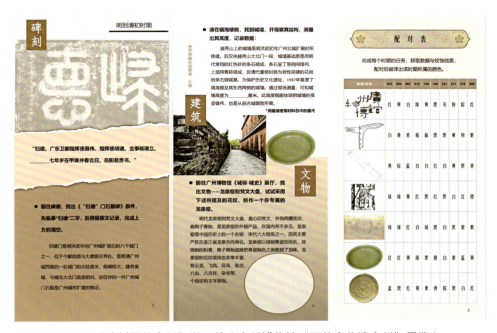

图3　"碑刻里的广州"学习单（广州博物馆"百件文物读广州"展览）

明确"讲好广州故事"的立足点，一边结合广州博物馆位于城中名山越秀山的独特优势，巧妙加入馆藏著名碑刻为线索——每个朝代以一个遗址、一块碑文、一件文物展开故事讲述。在学习单完成过程中，以解谜为驱动，观众通过寻找山中遗址、捕捉文物细节、搜寻碑文线索的方式串联出广州城市变迁的故事。

（三）学习单的设计是否会对参观者的参观行为产生影响？

走进博物馆，如何让展览资源得到最优化利用，让观众收获最大化是不少文博工作者都在努力思考的问题。博物馆学习强调观众在展览构建的丰富情境中，可以通过与展品、与他人的互动，有所收获，而优质的学习单则可以让观众有更多的展览停留时间，并为其学习行为作出巧妙引导。因此，对话和相互探讨对于博物馆学习具有重要作用，如何促进展览中观众对话的产生一直是重要的课题，而优质的学习单能为观众之间，尤其是师生、亲子之间对话的产生提供有效的交流支架，在进行合作及解决问题的过程中，促使其生成更多有趣味、有意义的对话内容，助力博物馆学习效果的提升。

例如，广东省博物馆"欧洲绘画五百年"的学习手册（如图4）以君士坦丁加冕为王作为故事线，设置了七个通关挑战。除了以多人桌游的形式进行作品精读，还设置了微讨论及微课堂，并借助互动性极强的光影色卡进行"印象派光影游戏"年历的制作，同时兼顾了观展内容巩固、艺术感提升、观展交流互动，较好地提升了观展的价值感及收获感。

图4 "从伦勃朗到莫奈"学习资源包（广东省博物馆"从伦勃朗到莫奈——欧洲绘画五百年"展览）

图5　孙中山大元帅府纪念馆学习单局部

图6　中华全国总工会旧址纪念馆"工友之家"
联动互动展项

图7　"求索不倦来时路"学习单（中华全国总工
会旧址纪念馆基本陈列"启航——中华全国
总工会在广州"）

此外，目前大多数的展览都设有互动体验设施，初衷是为了让观众通过互动参与达成对展览内容的理解补充。但是，这类装置在深受欢迎、被频繁使用的同时，也容易陷入为互动而互动的误区，而学习单的使用为解决这一困境提供了着力点。

例如，孙中山大元帅府纪念馆的学习单采用地图集章的模式（如图5），中华全国总工会旧址纪念馆的学习单采用填写加入工会信息的方式（如图6、7），结合展厅中原有的互动装置或体验台设置了探究问题，使观众在体验装置时，可以借助学习单链接更多有效的学习信息，从而强化博物馆学习收获。

三、学习单可以怎样进行设计？

上述三个维度是对博物馆学习单基本功能的界定，那么，有哪些策略可以帮助学习单设计者更好地发挥学习单的功能？在实践的过程中，又有哪些具体方法值得探寻和思考？

（一）在立意上，尽量搭建展览与观众的特定联系

如今博物馆教育的发展态势已经充分说明，展览已经不只是为了讲述过往的人、事、物，而是自觉地把关注当下作为大前提，甚至指向对未来的启发、思考和探索。越来越多的展览正在积极寻找能够密切其与当下、与观众之间联系的途径和方式。对于学习单的设计而言，这

图8　"有为筑梦者"学习单（团一大纪念馆"中国共产党领导下的中国社会主义青年团创建历史陈列"）

是很好的启发。既然新认知的形成往往源于现实生活中经验的获得，那么能否在展览中的文物、图文、模拟场景等中找到交汇点，由此切入具有现实意义的问题，使青少年感受到展览与自身的关联，从而自然地投入展览探索之中。

例如，中国社会主义青年团第一次全国代表大会纪念馆（以下简称"团一大纪念馆"）"中国共产党领导下的中国社会主义青年团创建历史陈列"展示了中国共产党亲手缔造青年团、指导青年团创建的历程。其学习单是以"有为筑梦者"为主题（如图8），把展览设定为"青春团校的修炼教材"，围绕如何成为一名优秀团员青年的角度，从展览的四个板块中分别提炼一个学习任务，包括宣传、组织、活动、实践等，观众在完成任务过程中需要同时结合展览内容和自身经验，这样的设计赋予了观众较好的自由度和启发性，尤其是对申请入团或青年团干来说，关系尤为密切，甚至可以直接作为学习材料使用。

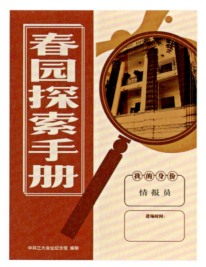

图9　"春园探索手册"（中共三大会址纪念馆）

　　此外，故事化与角色代入也是常用的形式，在学习单中鼓励和引导观众充当某一故事中的角色，或模仿某些展品中塑造的形象，有助于拉近其与展览的距离，并从第一视角出发，增强趣味性的同时，也丰富了对展览的理解。

　　例如，在中共三大会址纪念馆的"春园探索手册"（如图9）中，设定身份是"情报员"，观众可以通过春园中在办公室内的线索，如铅印版、电码表、旧书本等，搜集与中共三大相关的各类信息。又如广东省博物馆"风·尚——18至20世纪中国外销扇"展览的"马丁海淘日志"学习纸（如图10）就是以英国商人马丁远赴中国进行中国扇贸易的故事展开，生动演示了以中国扇为代表的广州外销品的流向和魅力。再如，广州海事博物馆"荣归锦上——18世纪以来的法国丝绸"展览的"里昂设计师修炼之旅"学习纸（如图11），身份的设定是一位立志要成为设计师的法国里昂"00后"，以其修炼过程串联起法国丝绸的历史发展、技术突破、艺术风格等。类似的例子还有很多，事实证明，在角色参与和故事情节推进的加持下，学习单丰富了展览与观众之间的沟通，观众观展的体验感将得以强化。

图10　"马丁海淘日志"学习纸（广东省博物馆"风·尚——18至20世纪中国外销扇"展览）

图11　"里昂设计师修炼之旅"学习纸（广州海事博物馆"荣归锦上——18世纪以来的法国丝绸"展览）

（二）在内容上，可尝试综合多门学科

目前，无论是整体展览还是单一展品，呈现的往往不只是历史信息，还包含着自然、艺术、科学、社会等不同属性，如何更好地展示给观众并使其有所启发，往往是博物馆学习的一个突破口。学科综合学习强化了学科间的协同功能，促进知识和经验的有机融合，也重视了学习者的主动经验。

其中，比较简易可行的方法是以学习单为载体，挖掘多学科综合的可能，从展品和展览叙事出发，尝试搭建不同领域的桥梁，通过引导观察、问题提出、任务驱动，启发青少年对展品和展览进行更为立体的思考。

例如，广州海事博物馆"七海扬帆"展览的学习单以"我要去远航"命名（如图12）。主角是一位首航出发的年轻人，他需要前往码头、船厂、窑址、蕃坊等地，学习到造船、航海、货物挑选、贸易制度、与阿拉伯人交流等技能后，最后带上祝福扬帆出海。为了顺利完成各项任务，观众需要运用和学习到包括历史、地理、文学、数学、物理、生物等不同学科的知识，在进行包括地理分析、科学原理、艺术欣赏、文化常识在内的多维探索中，观众不知不觉地投入展览，并饶有兴趣地对展品和展览故事产生思考。

图12　"我要去远航"学习单（广州海事博物馆常设展览"七海扬帆——唐宋时期的广州与海上丝绸之路"）

（三）在形式上，融入参与性的趣味游戏

德国著名的教育学家和哲学家福禄贝尔强调，游戏对于儿童的身心发展具有重要的作用：帮助儿童建立自信心和自主性，培养他们的创造力和想象力，促进儿童的语言发展和社交能力，帮助儿童建立规则意识和合作精神。在学习单设计中，趣味度是绕不开的话题，而注重教育内容的渗透，会让青少年在游戏中愉快地学习和成长成为可能。

例如，广东省博物馆展览"穆夏：欧洲新艺术运动瑰宝"的学习单（如图13）

以"我和穆夏去旅行"为题，风格闲适，创设出轻松地徜徉于新艺术运动花园的氛围。为了更好地帮助观众欣赏穆夏作品中的华丽、细腻、清丽、柔和，学习单中安排了多个游戏，如按图搜画、找不同、画作魔法、走迷宫、展厅装饰等等。由此，观众不仅对穆夏笔下的美人与花卉加深了印象，更在轻松愉悦的探索中更好地认识和体会新艺术运动的魅力，对于艺术普及的实现具有很好的参考意义。

图13　"我和穆夏去旅行"学习单（广东省博物馆"穆夏：欧洲新艺术运动瑰宝"展览）

（四）在表达上，注重设问类型和发问方式的选择

关于学习单设计的实用性技能，各国学者已经进行了许多卓有成效的研究。其中，诺丁汉大学的露西·库克和理查德·彭伯早在20世纪八十年代就已经进行了有关博物馆中自学语言的研究，他们认为博物馆学习单设计大致可以分为四类[2]：

（1）**记忆性问题**：通常要求参观者找寻唯一的、正确的答案。记忆性问题适合帮助参观者发现展品的名称、数量等事实性的基本属性。

（2）**聚敛性问题**：需要参观者根据已有知识或观察到的信息，提供一个最恰当的答案，比如指出两件展品之间的不同，回答展品的功能等。

（3）**扩散性问题**：没有唯一正确的答案，需要想象、假设。比如：如果恐龙没有灭绝会怎样？

（4）**评判性问题**：这类问题引导参观者进行评价，形成个人的意见和观点。比如：你是否同意设计者的观点？你认为这件展品对××的意义如何？

这样的分类到今天依然极具参考价值。下面将结合前文举例的学习单，对常用的问题句式进行归纳分类，目的是总结探究式学习单所包含的探究性元素，并为设计方向提供参考，如表1。

表1　常用探究类型中的典型发问句式

常用探究类型	典型发问句式
观察/对比	你看到了什么？ 请把你看到的画出来…… 请通过观察，说说两者间有哪些区别？ 请找出与……同款的图案/纹饰/标志
操作	请按照以下步骤逐一完成…… 在以下的体验/实验中，你将会…… 请重复/改变……后再次进行操作
思考/判断	你从中学到了…… 其中具体的原理是…… 请记下背后的历史实践/科学故事是……
交流	请与你的同伴一起…… 请邀请现场不少于……位观众，与你…… 请就……的话题开展讨论，并作记录
想象/推测	假如你是其中的一员，你将会…… 在……的条件下，你将会…… 你认为将来……是怎样的？ 如果……你认为将会发生什么？

四、学习单的颜值重要吗？

如果说学习单的文本和图像内容是灵魂和骨肉，那么好看的皮囊则是读懂展览故事的重要加持，我们不妨来看看学习单排版设计中的几个重要元素：

（一）文字文本：层级划分和字体使用

不可否认，文字不仅承载着内容的信息传达，也拥有独特的视觉生命，使用不同的文字字体能给人不同的视觉感受和情感传递。对于学习单的设计，字体保持一致的风格可以保证视觉效果的整体性，但不同部分采用不同的字体，则能承担装饰、识别区分、营造氛围的作用。

首先需要划分文字的层级，不同层级采用不同的字体或字号。通常来说，一级标题是封面名称，为学习单确定好的视觉基调。二级标题可以是学习单每一板块的序号和小标题，三级标题则是板块下的正文。正文中间的解释说明性文字则可以作为四级标题。将文字按照信息传达顺序进行分级，主要是为了呈现出常规的阅读状态，而有选择性地加上色块衬底、线条强调、标签张贴等方式，主要用于强调区分或色彩调和。其中较扁的字形和手写体的笔画则可以更好地融入插画当中，使图文和谐统一。

（二）图像文本：视觉设计与视觉形象

图像文本作为学习单的重要组成部分，扮演着越来越重要的角色。图像既可以单独作为学习单中的题目，也可以作为文字文本的辅助或延展信息出现，与文字信息相互配合呈现学习单的信息。例如徐徐展开的场景插画（如图14），可以让观众更加快速地进入与展览相关的图景，进而展开趣味探索或信息获取。又如，对文物的图片或手绘插画进行绘制处理，放大细节、局部挖空等，可以引导观众进行观察或比对，发挥学习单的作用。

图14　"南海神带你游波罗盛会"学习单（广州海事博物馆"波罗诞"展览）

学习单整体视觉形象必须与展览高度匹配，充分运用展陈中的相关元素，其中最直接的做法是与展览海报保持一致，对其中要素进行借用重组，整体视觉形象在保留协调统一的同时又各自富于艺术美感。

辅助图形主要是体现趣味性，可以采用与主题有关的物品或符号（如图15），例如航海主题展览用船锚，植物主题展览用叶片等。也可以从展览中的文物入手，例如提取代表性文物的器形轮廓，以更简洁的图形和色块构成画面；又如提取文物上的符号或纹饰，通过不规则的大小排列构成画面。把辅助图形应用于学习单中各部分，可以丰富整体的视觉感受。

图15　"西域日志"学习单（广州海事博物馆"西出阳关——新疆文物精品展"）

（三）装订样式与纸张选择

学习单的装订样式有很多选择，最便捷的方式是印刷在固定规格的纸张上，纸张大小视内容多少而定。但越来越多的学习单已经不满足于这样的基础样式，各式的折页、长轴、线装本等，可谓琳琅满目。同样，纸张的选择也早已不局限于80克普通打印纸，各种克数的铜版纸、道林纸、轻型纸、合成纸、压纹纸、哑粉纸等等，种类非常繁多。

但在考虑颜值的同时，也需要考虑几个基本要素，包括：翻阅是否便捷，纸面书写是否流畅，携带是否方便，是否符合展厅中的阅读条件，如展厅光线偏暗，学习单的色调就需要调亮，且不能出现纸面反光等。

拿到印刷好的学习单样品后，预评估很有必要。设计者务必在展厅中，现场认真完成自己设计的学习单。这是任何校对都无法代替的，甚至可以看作推广前最重要的把关之一。

诚然，学习单上涉及的内容不可能面面俱到，但学习单设计的初衷，始终是希望更多的青少年能够主动参与到博物馆的体验中，并通过博物馆学习，为良好学习习惯的形成，以及构建个性化的学习模式提供帮助。同时，面对信息技术媒介的急速变化和知识普及化的提高，学习单的设计和制作也面临着很多挑战。例如，如何使学习单在互联网的支撑下实现交互式教学?可否邀请青少年共同参与学习单问题的设计?如何有效地对学习单进行及时更新?……这些都是未来值得探讨和思考的方向。

－ 注释 －

［1］任心禾. 试析博物馆学习单的功能——以博物馆学习的特性出发［J］. 博物馆，2022（6）：86-94.

［2］鲍贤清，毛文瑜，王晨，李康立. 场馆环境中介性学习工具的设计与开发——以上海科技馆学习单设计研究为例［J］. 中国电化教育，2011（10）：40-47.

好看还是好用：研学教案撰写的思路与方法

　　在第七版《现代汉语词典》的解释中，"教案"是指"教师在授课前准备的教学方案，内容包括教学目的、时间、方法、步骤、检查以及教材的组织等"。

　　稍加留意就能发现，在校内的学科教学中，教案模板的使用还是相当普遍的。这些模板中通常包括十个方面的内容：课题、课型、课时、教学目标、教学重点和难点、教学准备、教学过程、板书设计、作业布置、教学反思。根据不同类型的课，教案的撰写是需要进行具体调整的，包括：新授课教案、复习课教案、实验课教案、检查课教案，等等。在同一类型的课中，由于应用功能的不同，又分为：文字式教案（常称为教案）、表格式教案（常称为简案）、课堂实录教案（常称为实案），等等。在教案的撰写中，老师需要贯彻课程标准，按照学科规律，依照教材内容，结合学生实际来确定教学目标、重点、难点，设计教学过程……

　　如此看来，学校学科教案的规范性和实用性自然毋庸置疑。然而，研学作为校外教育，教学范围突破了校园，并以"没有教科书"为特点，强调在"没有围墙的教室"开展教学，故此涉及的教学资源、教学过程较之于校园内的学科教学还是有比较大的差别，客观上对教学设计的要求也更灵活多样，因此，直接采用学科教学中的教案模板似乎还是有所欠缺。

　　那研学教案需要怎么撰写？怎样的研学教案可以更好地规范研学实施？下面，先从第一届华南教育历史研学基地研学课程设计大赛中的三个参赛教案说起。

一、好看还是好用？这是个问题

　　鉴于比赛的竞争性，参赛者自然会着力于展示自己最优势的方面，在以下的三个参赛教案中，确实能看到各展所长的痕迹。

参赛教案一

目 录

一、研学线路设计思路……………… 1
二、线路特色………………………… 2
　　（一）整合区域红色资源，挖掘德育
　　　　　素材 ………………………… 2
　　（二）转变单向模式，加强互动体验
　　　　　…………………………………… 2
　　（三）创新表达方式 ………………… 2
三、线路设计………………………… 3
　　（一）课程对象 ……………………… 3
　　（二）课程目标 ……………………… 3
　　（三）知识链接 ……………………… 3
　　（四）课程安排 ……………………… 4
四、课程评价………………………… 10
　　（一）研学自我评价表 ……………… 10
　　（二）生生互相评价表 ……………… 11
　　（三）导师评价 ……………………… 12
五、线路可行性分析………………… 12
　　（一）红色研学旅行的资源条件分析
　　　　　…………………………………… 12
　　　　1. 黄埔军校 ………………… 12
　　　　2. 广州起义烈士陵园 ……… 13
　　　　3. 中共三大纪念馆 ………… 13
　　　　4. 夜游珠江 …………………… 14
　　　　5. 中山大学 …………………… 14
　　（二）红色研学旅行的市场需求分析
　　　　　…………………………………… 15
　　　　1. 我国研学旅行市场空间广阔
　　　　　…………………………………… 15
　　　　2. 中小学生对红色实践教育的
　　　　　　意愿强烈 ……………… 15
　　（三）红色研学旅行的目标市场定位
　　　　　…………………………………… 15
　　　　1. 目标市场 …………………… 15
　　　　2. 组织规模 …………………… 15
六、线路营销方案…………………… 16
　　（一）营销手段与途径 ……………… 16
　　（二）线上推广途径 ………………… 16
　　　　1. 微博宣传 ………………… 16
　　　　2. 微信、QQ、公众号宣传 … 16
　　　　3. 热门APP宣传 …………… 16
　　（三）线下推广途径 ………………… 17
　　　　1. 线下传统媒介宣传 ……… 17
　　　　2. 线下学校宣传 …………… 17
　　　　3. 活动赛事 …………………… 17
　　（四）营销推广实施建议 …………… 18
　　　　1. 开拓学生研学旅行市场 … 18
　　　　2. 完善线上线下推广渠道 … 18
七、财务预算………………………… 18
八、线路实施保障…………………… 19
　　（一）研学须知 ……………………… 19
　　（二）文明公约 ……………………… 19
　　（三）安全预案 ……………………… 20
　　　　1. 突发食物中毒事件处置措施
　　　　　…………………………………… 20
　　　　2. 突发意外伤害事件处置措施
　　　　　…………………………………… 20
　　　　3. 突发学生打架斗殴处置措施
　　　　　…………………………………… 20
　　　　4. 突发学生走失事件处置措施
　　　　　…………………………………… 20
　　　　5. 突发交通安全事件处置措施
　　　　　…………………………………… 21
　　（四）组织保障 ……………………… 21
　　　　1. 保障措施 …………………… 21
　　　　2. 实施准备 …………………… 21

参赛教案二

目　录

一、研学路线设计基本思路………… 1

　（一）研学路线设计背景 ………… 1

　（二）研学路线初览 ……………… 3

　（三）研学路线设计亮点 ………… 3

　（四）研学路线设计地点介绍 …… 5

　（五）研学体验者分析 …………… 9

　（六）目的、预期效果与可行性分析

　　　………………………… 12

二、研学路线设计目标………… 14

三、研学导学………………… 16

四、研学安排………………… 18

　（一）研学行程表 ………………… 18

　（二）研学预览大纲 ……………… 22

　（三）研学内容设计 ……………… 26

五、研学进度及调整表………… 93

六、研学评价………………… 95

　（一）学生评价 …………………… 95

　（二）导师评价 …………………… 103

　（三）家长评价 …………………… 107

七、研学复盘及改进………… 108

　（一）目标表适切性评价 ………… 108

　（二）实施效果分析 ……………… 109

　（三）学生反馈有效性 …………… 110

八、研学路线规划………… 111

　（一）地图与路线概述 …………… 111

　（二）交通方式 …………………… 112

　（三）规划特点 …………………… 112

　（四）具体规划以及补充 ………… 112

九、研学注意事项………………… 113

　（一）住宿安排 …………………… 113

　（二）用车安排（司机、人员安全等）

　　　………………………… 114

　（三）饮食安排 …………………… 114

　（四）导师安排 …………………… 117

　（五）景区沟通与活动场地安排 … 117

　（六）设备安排 …………………… 118

　（七）师生配比要求 ……………… 118

　（八）安全意识和绿色环保意识提醒

　　　………………………… 119

十、研学预算方案（附成本预算表）… 119

十一、安全体系规划/风险预测（附保险）

　　　………………………… 122

　（一）安全准备 …………………… 122

　（二）疫情防控 …………………… 122

　（三）安全执行 …………………… 125

　（四）前期准备 …………………… 126

　（五）风险预案 …………………… 129

附件1　研学活动手册（学生用） … 132

附件2　队伍相关物品设计及理念 … 149

附件3　致家长的一封信 ………… 151

附件4　学生研学旅行安全承诺书 … 153

附件5　学生研学实践活动记录表 … 155

附件6　学生信息收集表 ………… 156

附件7　导学相关资料推荐 ……… 157

参赛教案三

目 录

一、研学线路设计说明…………… 1
（一）设计背景 …………………… 1
　1. 研学旅行成为素质教育的
　　重要抓手 ……………… 1
　2. 坪石先师烽火育人、教育兴
　　邦的精神值得景仰 ……… 1
　3. 红色研学为中小学生补足精
　　神之"钙" ……………… 1
（二）设计理念 …………………… 2
　1. 研学目标以培养学生红色
　　文化素质为导向 ……… 2
　2. 研学开发面向学生学习需求
　　和发展需求 …………… 2
　3. 研学实施注重学生动手实践
　　和沉浸体验 …………… 3
　4. 研学评价主张多元评价和
　　综合考察 ……………… 3
（三）线路分析 …………………… 3
　1. 研学对象分析 ………… 3
　2. 研学线路资源分析 …… 3
　（1）研学线路资源条件 … 4
　（2）研学线路资源特点分析
　　　………………………… 5
　3. 线路特色 ……………… 6
　（1）深耕坪石文化，活化
　　　区域资源 …………… 6
　（2）线路巧妙结合寓教于乐
　　　的沉浸式活动 ……… 6
　（3）层层递进的研学线路
　　　安排 ………………… 7

二、《赓续华南教育　回顾坪石壮歌》研学
　线路与活动内容 ……………… 8
（一）活动概况 …………………… 8
（二）活动目标 …………………… 9
　1. 价值认同 ……………… 9
　2. 实践内化 ……………… 9
　3. 身心健康 ……………… 9
　4. 责任担当 ……………… 9
（三）活动内容 …………………… 10
主题一：烽火逆行——为什么是坪石
　　　………………………… 10
主题二：薪火相传——博学耕技，抗战
　　　不忘读书 ……………… 11
主题三：时代之帆——为中华之崛起而
　　　读书………………………… 11
主题四：巍巍大师——灿若群星的"坪石
　　　先生" ………………… 11
主题五：光热不息——忆青春…… 11
（四）活动实施路径 …………… 12
　1. 导学 ………………… 12
　（1）问题导向，引导学生
　　　主动探究 …………… 12
　（2）结合手册，确保学生
　　　顺利研学 …………… 13
　（3）团队建设，鼓励集体
　　　合作学习 …………… 13
　2. 研学 ………………… 13
　（1）研学地图 …………… 13
　（2）研学路线及活动安排
　　　………………………… 14

（3）研学活动实施方案

　　　　……………………… 18

　3. 展学 ……………………… 29

　4. 评学 ……………………… 31

　　（1）评价目的 …………… 31

　　（2）评价原则 …………… 31

　　（3）评价内容 ………… 31

三、线路注意事项…………………… 32

　（一）组织机构及职责分工 …… 32

　（二）前期宣传准备 ………… 33

　（三）安全管理 ……………… 34

　（四）食宿交通 ……………… 36

四、可行性分析…………………… 37

　（一）可行性分析 …………… 37

　　1. 线路设计可行性 ……… 37

2. 组织成员可行性 ……… 37

3. 资源可行性 …………… 37

4. 交通可行性 …………… 38

5. 市场可行性 …………… 38

（二）风险管理………………… 38

　1. 研学人员的自身风险 … 38

　2. 环境风险 …………… 39

　3. 自然灾害及其他非人力可控

　　的风险 ……………… 39

　4. 管理风险 …………… 39

（三）财务预算 ……………… 39

五、附录…………………………… 40

　附录1　重点景点介绍 ……… 41

　附录2　"赓续华南教育 回望坪石壮

　　歌"学生研学手册 ……… 50

　　这些参赛教案的相同之处在于，都是以学科课程的教学管理与实施为参照，从符合教育思想、理论和规律的角度，对研学内容与活动进行了细化设计。当然，不同之处也很明显。例如，教案一中"线路可行性分析""线路营销方案"的篇幅占有三分之一，对于文旅收益的考量是其重点；教案二把"研学评价""研学复盘及改进"放入教案中，可以视为对教学反馈的重视；教案三在"设计理念""活动目标"借鉴了相关的理论支持。可以说，教案中呈现的重点和亮点，源于比赛的需要以及参赛者各自的考量，对于研学教案的撰写也具有一定的参考价值。

　　那么，离开赛场，研学教案的撰写如何落地？

二、有关研学教案的建议与参考

　　虽然研学教案相比学科教案而言，有较大的灵活度，但是在撰写过程中，有几个关键原则是需要坚持的：

　　首先是要凸显教学的原则，在备课和撰写教案时，设计导师需要从总体宏观、驾驭课程的角度出发，依托先进的教学理念进行撰写，以学生为本，强调让学生建立积极主动的学习态度，并使其获得知识和技能的过程成为学会学习、形成正确价值观的过程。

其次是创新性原则，研学设计水平的高低直接取决于设计导师的专业素养。由于研学没有教科书的限制，以及基于现场的属性，设计导师的广泛涉猎、资源整合、大胆创新在研学中尤为重要。结合个人的特点，巧妙构思、精心安排，才能产出有水平和有个性的教案。

再则是操作性原则，教案之于研学导师的重要性，就相当于施工图纸与建筑设计师的关系，所以一定要能使用、便于操作。这就要求编写教案要从实际需要出发，始终围绕研学本身而展开，杜绝节外生枝。同时必须把研学过程中有可能出现偏离预设的现象尽可能都考虑到，并准备好相应的对策。毕竟研学现场是随时有可能发生变化的，要做到有备无患。

在坚持以上原则的基础上，经过实践的检验，一个具有较好的实用性和完整性的研学教案一般由五部分构成，即研学设计概述、研学框架、研学活动步骤说明、研学评价、研学实施保障。下面将进行展开说明：

第一部分，研学设计概述

概述需要就研学背景、研学主题、研学资源分析、学情概况、整体目标等进行说明。

在概述中，**研学背景**需要重点突出研学设计原因及基本思路，并以此为基础对研学主题进行相应阐述。

研学主题是整体课程的纲领性指导，往往作为课程的标题。

研学资源分析是对研学点及研学线路的详细说明，包括自然特征归纳、历史线索梳理、重点人物介绍、独特资源陈述等等，可以视为研学设计的基础信息。

学情概况是结合学情分析和参与人数的基本说明，学情分析除了指学生的年龄特点及受教育程度外，也可以细化为兴趣爱好、掌握的具体背景知识、群体性质、研学期待等，有助于设计更有针对性。

整体目标是充分结合研学背景及基本思路，参照教育部提出的中国学生发展核心素养体系，确立该课程中需要重点落实核心素养中的哪些基本要点，并予以具体的课程关联。具体要点可参照图1。

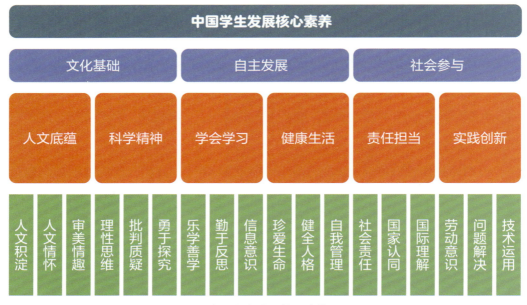

图1　中国学生发展核心素养图示

第二部分，研学框架

基于研学资源整合的特点，研学课程本质上是主题式教学。主题作为所有教学活动的组织中心，在其统领下进行的所有教学活动，都是围绕人与环境的交互主动建构，无论是合作探究，还是个人实践，都在相对开放的环境下，主动积极地与周围环境发生着有意义的深度交互。区别于课堂教学，也得益于教学环境的多元，研学课程往往由系列活动组成。

因此，研学框架是指在对研学资源与条件全面分析的基础上，围绕研学主题，在一定的逻辑主线下派生出若干二级主题，并在地理空间上串联若干研学点，设定若干个系列活动，从而形成研学课程的主题框架。

框架的设置需要根据不同情况灵活处理，大体可以分为**"总主题+不同研学点""总主题+唯一研学点"**。如果是前者，研学点之间需要进行整合，在总主题之下梳理出不同角度的二级主题，例如潮汕主题研学，包括了汕头博物馆、小公园、樟林古港、南澳岛、韩文公祠等研学点，整合后可以形成如表1的主体框架。

表1 "总主题+不同研学点"研学框架示例

主题	分主题	研学内容	研学点
海洋文化	海上丝绸之路与开埠	从自然地理条件，分析汕头港口的变迁历程。从古代及近代两个不同的历史维度，探究汕头海洋驿道的发展背景，以及对当地经济发展与人文特征的深远影响。	汕头博物馆、小公园、樟林古港
	南澳岛的自然与人	从生物、地理与人文角度，通过南澳岛生态观察（地理方位、潮汐现象等）、宋井水质分析、当地对海洋资源的利用分析（如出海、海水养殖、风力发电等）、海防管理历史，具体掌握相关自然核心知识与概念，实施科学研究方法，探究人与自然如何和谐发展，培养科学验证与辩证思维。	南澳岛
乡土潮汕	潮汕传统工艺及民俗	独特的地理条件与生存环境，生成了潮汕人在各行各业精益求精的工匠精神、抱团文化与商业智慧。韩愈在潮州短暂的八个月也成就了潮州文风鼎盛，成为海滨邹鲁。在潮汕独具匠心的传统工艺里，除了进一步提升学生对于专注力、使命感、责任心的现实理解，还可以在臻于极致的潮州传统工艺中，体验潮汕民俗的情怀与生动性，探究潮汕地区对传统文化的传承与创新。	己略黄公祠、许驸马府、潮州手拉壶工作坊、潮绣工坊、韩文公祠

如果是后者，研学点固定一个，二级主题则围绕这个研学点的不同角度展开，角度设置灵活丰富，例如按照学科类别、阶段分期、代表人物等等。如清晖园博物馆"少年造园家"课程是以清晖园为代表，提炼岭南园林的关键元素，引导学生体会岭南园林之美，认识传统造园的法理，理解园林修护的智慧，围绕"游园""造园""治园"三个角度展开。主题框架如表2。

表2　"总主题+唯一研学点"研学框架示例

主题	主题说明	研学活动	研学动线
"游园——清晖之美"	"窗，园林的眼睛。" 身处园林中，万般风致在窗外。诗有诗眼，画有醒画，园林也有自己的点景，而窗恰是空间变换中的点睛之笔。窗，本身是一种固囿，原为采光而设，然而各式的窗格却让其有了跃动的生命力，或作裁剪风景的取景框，或为光影流转的切换站，在有限的范围中增加了空间的渗透与层次感，生动传达岭南园林的婉约之美。	◇园内导览 ◇园中四窗说：真砚斋—支摘窗、澄漪亭—蚝壳墙、读云轩—空窗、八表来香亭—满洲窗 ◇体验：清晖微电影	旧院门—澄漪亭—碧溪草堂—真砚斋—笔生花馆—观瀑亭—沐英涧
"造园——清晖之巧"	"江山无限景，都取一亭中。" 岭南园林以山水树石、亭榭桥廊等构筑空间，将山川湖泊、溪流潭泉等自然景致浓缩于一方园中，遂得山青水秀、泉甘鱼跃、林茂花好、四季有景，又常以亭作点睛之用：高处筑亭，既是仰观的重要景点，又可供游人统览全景；叠山脚前边筑亭，以衬托山势的高耸；临水处筑亭，则取得倒影成趣；林木深处筑亭，半隐半露，既含蓄而又平添情趣。	◇园内导览（以山水亭台为线索） ◇园中说水：静水与动水、理水与筑山、置景与生物等 ◇体验：假山堆叠	旧院门—石门—六角亭—花纳亭——勺亭—竹苑—小蓬瀛—归寄庐
"治园——清晖之韵"	"一朝旧观还，林壑愈争光。" 造园难，养园更难。园林是不断生长的建筑，岭南园林的美，不仅在于园林刚刚营造完备后的美景，更在于一代人、数代人不断修缮养护，沉淀而来的时光和历史文化。园林的养护修缮，不仅是园主的心境变迁和通过养园而完成的精神理疗，也能显露一个家族的源远传承，甚至可以体现历史上中国人道德观念和审美情趣的迁移。	◇园内导览（以园林修缮与保护为线索） ◇治园之道：行走坐卧、修花养木、临池戏鱼、磨山补石等 ◇操作：古建筑沉降监测	旧院门—方池—船厅—花纳亭—竹苑—归寄庐

至于框架如何实现落实，则需要在第三部分的步骤说明中进行详细呈现。

第三部分，研学活动步骤说明

研学实施没有固定的样式，但一般可以分为导入、导师讲授（说明）、学生自主探索（行动）、归纳总结等部分。

导入部分， 教案需要撰写的内容包括：设定了哪些具体问题和活动，以及学生有可能作出的回答及反应。导入的方式有很多，例如讲述背景知识、借用话题事件、联系个人经验或集体记忆、设置热身游戏等，目的是激发学生兴趣，使他们集中注意力，调动学生参与的积极性。

导师讲授（说明）部分， 需要进行知识要点的说明，以及相关参考资料的列举或索引，如果内容太多，也可以结合教案附录进行补充。针对不同的讲授内容，可以采用不同的形式，将讲授的内容、表达的逻辑以及备用的素材合理衔接，形成一个有机整体。常见的讲授形式如表3所示：

表3　研学中的讲授形式示例

讲授形式	具体步骤或要点
直接阐述	（1）梳理好与概念或观点相关的要素信息 （2）将要素联系起来，归纳总结出概念或观点，并适当举例 （3）复述概念或观点，巩固印象
举例说明	（1）提出观点 （2）选择正确的、有说服性和恰当的例证 （3）领悟例证要素，提炼出能验证观点的信息，做到自圆其说
关键词讲解	（1）运用PPT或者大白纸展示观点 （2）提炼和强调关键词 （3）对关键词展开阐述或举例 （4）归纳总结
图表、地图、影像资料等分析	（1）提出问题，引发思考 （2）展示与问题相关的表格、数据、地图、影像材料等 （3）梳理数据、表格、地图中隐含的信息、逻辑、规律等 （4）结合问题进行总结性归纳
故事讲授	（1）抛出观点 （2）引入相关的故事，设置悬念 （3）运用情感、语调的变化进行生动的描述 （4）以故事说明的道理来论证与课程相关的核心观点

学生自主探索（行动）是最重要的部分，也是研学活动的核心之一。教案是对"学生和导师在活动中将要做什么"的具体描述，仔细考虑"你将要做什么，学生将要做什么，以及你将要和他们交流什么"。倘若学生将要听或看什么东西（如读物、电影、演示物），那你就需要设计一系列问题或做一系列的解释；倘若学生将要进行创作活动（如写作、绘画、建筑），那你则需要设计一系列的指令，或许还要设计展示一个成果示例；倘若学生将要做一些活动（如做实验、玩游戏），那你则必须设计一系列的程序或规则，或许还要设计演示相关的过程。

总的来说，活动的过程会随着具体活动的变化而变化，而自主探索部分实施步骤的撰写，通常需要准备以下内容：

一是描述导师需要向学生传达的内容。根据活动的类型，可能需要设计系列问题、系列陈述或解释、规则列表、流程列表、示范样例、指令列表等中的一种或几种。

二是描述如何有效地与学生交流信息，包括运用到的关键教学技巧，如资料提供、视觉支持、检验理解程度的方式、积极参与策略等。

三是描述将要用于预防行为问题的关键管理技巧，包括规则说明、注意事项、奖励方法、行为监督制度。

四是按照步骤，列出每个活动相关的教具、学具、文本资料、手册等物料种类及数量，并注明使用时间、分配、注意事宜等，体现为列表形式，便于整体清点及准备。

五是附上学生使用到的学习材料及老师使用的参考资料。根据实际需要提供参考示范或参考答案等，该部分也可根据实际情况汇展在教案的最后附录中。

以下是广州博物馆"中国近代人民抗争序幕"主题研学教案中部分活动实施步骤的摘录。

表4　镇海楼现场火炮勘测

研学环节	学生活动	导师指令/职责	时长/物料
火炮勘测前注意事项说明（地点：广州博物馆图书馆）	根据导师的说明，理解活动要求和火炮勘测观察表的填写内容	1. 小组内观察记录五种左右的火炮，成员各司其职，绘图XX人，文字记录XX人，测量XX人。 2. 个别需要说明的术语 前膛炮：从炮口把发射药、弹丸装进大炮。 准星：枪炮瞄准装置的一部分，通常位于枪炮管口上部。 …… 3. 小组观察结束后，根据总结表的框架进行内容整理，并结合总结表的内容进行汇报。	10分钟 火炮勘测表、测量卡尺、圆规
小组火炮勘测（地点：镇海楼前）	选择现场的其中五种火炮，进行绘图、测量和记录的分工	1. 引导学生进行绘图、测量和文字记录的任务分工。 2. 强调记录火炮时，尽量选择不同时期、特征更为鲜明的火炮，其中应包括前膛炮和后膛炮至少各一种。	50分钟
资料整理与任务总结（地点：广州博物馆图书馆）	根据现场的观察以及手头的资料，就定向任务总结表的框架进行探讨和内容整理	1. 发布任务："请大家根据总结表，分析一下你所了解到的中英武器差异。" 2. 分发总结表，引导学生结合现场勘测记录进行总结表的填写和讨论。	30分钟 火炮勘测定向任务总结表

为了便于活动步骤的开展，相应的学习单及答案、任务卡、教学示例图等，也应该呈现在教案中。例如在"镇海楼现场火炮勘测"活动中，需要附上的文本资料就包括下文所示的"火炮观察记录表""火炮勘测定向任务总结表"及授课参考资料等。

1. 火炮观察记录表

记录说明：

（1）对镇海楼前各火炮进行勘测考察，包括火炮填装类别……

（2）通过绘图、工具测量、表格填写、文字记录等方式进行数据搜集……

（3）小组间整理和分析所搜集的数据，结合资料进行现场总结汇报。

表5 火炮观察记录表

观察地点			
炮名			
火炮填装类型	□前膛式红夷炮 □德式克虏伯后装线膛炮（后膛炮）		火炮绘制区域
铸造时期	（朝代）　　（年号）　　年 例如：清　　顺治　　十六年		
具体年代	（数字）年		
铸造材料	□水泥　　　□铁　　　□铜		
火炮用途	城防		
测量数据	重量		
	长度		补充信息
	宽度		炮弹：由于冶铸技术关系，往往有较多的气眼。…… 火药：鸦片战争前后，中英火药处于同一发展阶段，皆为黑色有烟火药。清军制造的火药……
	高度		
	口径		
	炮壁厚度		
	射程	□小于二至三华里 （一华里=500米）	
外形观察	□前细后粗　　　□前粗后细　　　□前后均宽 □铳耳		

2．火炮勘测定向任务总结表

表6 火炮勘测定向任务总结表

中方 （清军）	火炮
	火枪
英方	火炮
	火枪

总结与探讨：
中英双方在武器方面的差异体现在哪几个主要方面？
武器差异对战争局势带来了什么影响？

3. 授课参考资料

如果我们用一句话来概括鸦片战争时期中英武器装备各自的水平，那就是，英军已处于初步发展的火器时代，而清军仍处于冷热兵器混用的时代。

至于清军使用的冷兵器……

——史料来源

归纳总结。在活动的结尾，一般是整体课程的总结归纳及升华。形式多样，可以是回顾所学、学生展示作品、谈论感受、评价活动、进行仪式等。

教案中除了描述如何结束活动外，还需要拟出用于总结的文稿，或用于点评的参考方向，这既是现场教学的预备工作，也是对课程设计思考总结的关键一环，总结文稿的撰写帮助课程设计者有效检验活动与目标的匹配度，并用于下次借鉴和改进。

第四部分，研学评价

相对于传统的学业评价，研学评价会更注重发展评价者和被评价者之间的互动关系，使之在平等民主的互动中，共同承担促进教育发展的职责。与此同时，研学是以活动为主体的师生之间、学生之间交往互动与共同发展的过程，故此，强调以学生为中心的教学理念，应以表现性评价为主、结果性评价为辅，并融入自评、互评、小组评价、教师对学生评价等形式。

评价内容是活动过程的表现、成果的质量、汇报效果等，最终由学生和教师共同参与、互动评价。强调学生从被动接受评价转变成为评价的主体和积极参与者，让学生学会欣赏自己、评价自己，通过回顾自己实践的足迹，慢慢意识到自己的进步与不足，提高自我反思和自我评价的能力。有关研学评价的相关内容详见本书其余篇章。

第五部分，研学实施保障

本部分内容涵盖了在研学实施过程中的各方面保障，包括组织架构及人员职责、食宿交通安排、费用支出、安全管理、应急预案、研学须知、文明公约，等等，在此不做展开。

此外，教案的最后可以增加附录部分，附上研学中需要使用到的文本或图录等资料，包括研学地详细介绍、教学参考资料、学生研学手册设计及答案提示、学生指南、研学评价表、人员资料登记模板等。

"人不能两次踏入同一条河流"是古希腊哲学家赫拉克利特提出的哲学观点。同理，一份好用的研学教案也需要面对不同的使用状况。越是出色的编写，就越能够应对不同的状况，越能够容许偏离预设的产生。

因此，研学教案还需要适当地留白。留白，意味着教案无需过于详尽，以免陷入琐碎，更不要走向程式化，要允许不确定性的存在。这样的教案才能在备课和研学执行中形成一种特殊的张力，有利于导师在执行中保持开阔的思路和开放的观念，发挥研学不可代替的在地性和当下感，由此创造出研学中最引人入胜的、最富有生命力的教育生态系统。

融合星球的约定：
面向特殊需要孩子的教学设计

　　他忍不住地手舞足蹈，嘴里也发出欢呼雀跃的声音。其他同伴都为之侧目，我们知道，他因为能来到伙伴当中，能一起游戏而兴奋忘形。我们回应着他高涨的兴致，也通过无声的语言告诉其他孩子，接受差异是最大的善意与尊重。

　　每一次的提问，他都最快地举起了手，而回答与他的思绪一起漂浮与凝固在了空中，落不下来。我们捕捉其中相关的话语，认真地追问与确认，来自星星的孩子，需要我们学会共同使用融合星球的语言。

一、融合教育在广州

　　在特殊教育里，**特殊需要儿童**（以下简称"特需儿童"）是指与普通儿童（或者说典型发育的儿童）有差异的各类儿童，不仅包括身体上有障碍的儿童（如视力障碍儿童、听力障碍儿童），也包括有情绪、智力、认知障碍的儿童（如选择性缄默症、孤独症、唐氏综合征和学习障碍的儿童），以及资优儿童（俗话说的天才儿童）。[1]

　　广州市少年宫融合教育部是全国首家关注特殊少年儿童艺术教育的校外教育阵地，持续四十年来面向特殊少年儿童提供优质教育资源，形成了以课程研发、社会实践与公益倡导为一体的艺术助残模式。除了在课室开展的系列艺术发展课程、艺术疗愈课程外，从2014年开始，广州市少年宫融合教育部开始尝试通过综合实践活动平台"开FUN课"开展场景化、生活化、社会化的综合实践课堂，在融合活动中贯穿社会融合、生活自理、劳动技能、社区适应等目标，建立特需儿童与社会及外界更多的关系与链接，实现真正意义上的融合。

这类综合实践活动与研学有诸多相似，都是强调在真实场景中解决问题与实现社会化；不同之处在于，研学更注重研究性学习，而综合实践活动目标更为宽泛多元。

特殊需要儿童能开展怎样的综合实践活动?目标如何设定? 如果和普通儿童一起，这样的教育形式应该如何定位与实施?

首先我们可以将这种教育模式定义为**"融合教育"**。融合教育指的是将特需儿童和普通儿童放在同一间教室一起学习的方式，它强调为特需儿童提供正常化的教育环境，而非隔离的环境，以及在普通班中提供所有的特殊教育和相关服务措施，使特殊教育及普通教育合并为一个系统。融合教育已是世界潮流。[2]

需要说明，本文所论述的主要是以综合实践活动为形式，走出传统课室，以融合为目标的教育活动，不包括系统性的治疗课程。参与者包括普通儿童与特需儿童，参与的多数特需儿童为轻度自闭症、发育迟缓、唐氏综合征、多动症、学习障碍儿童。

二、融合教育在帮助谁?

融合教育只是单方面地帮助特需儿童吗?

在一场教育活动中，每一个参与个体都有被影响的可能，甚至在一场融合教育活动中，普通儿童也能获得更多的成长与帮助。融合教育的出发点更多是促进不同类型孩子的彼此接纳与平等沟通，即是促进不同儿童的"社会化"；另一方面，激发孩子们感受快乐的能力，能够体会到与这个世界及周围的同伴相处的愉悦性。

对于普通儿童而言，重点在于引导其学会接纳与自我成长，培养其同理心、仁爱心、社会责任感，并发展其帮扶他人的能力、团队合作的意识、抗压受挫的韧性、阳光健康的正面情绪。

但儿童毕竟是未成年人，陌生的普通儿童之间融洽相处尚且需要时间与时机，更何况普通儿童还要具备足够的认知与心理准备去和特需儿童相处。勉强为之，反而可能造成双方更大的心理距离。

怎么办?

首先,需要建立预热与准备机制。 普通儿童在正式参与融合教育活动前,需要完成一定的预热活动。预热的重点不是落在认识特需儿童及其特点上,这样容易形成进一步的群体标签化与异化,而应该在于提升学员的自主认识,包括对世界及群体差异性的认识、接受差异的重要性的理解、自我能力提升的认知、人与人如何构建关系的方法,等等。这类行前课特别讲究授课形式与方法,切忌讲大道理,最好是通过游戏、戏剧、绘本等形式,将道理浅显易懂、生动有趣地传达。

以广州市少年宫特殊教育部持续开展针对儿童志愿者(参与融合活动的普通儿童)的"心际特工"培训为例(如图1)[3],通过制作"特工证件"认识自己的特点;通过"凉白开、凉茶、冰可乐"认识不同饮品的特殊用处与优缺点;通过"星球标签"知道能力有时候使用不当也是弱点,并以游戏的方式与孩子们探讨:强者与弱者并非一个固定的身份,普通与特殊有时候也没有明确的界限。

此外,如以庆子·凯萨兹的绘本《不要再笑了,裘裘!》开展的戏剧教育,让学员了解快乐的力量,以及有时候我们认为的缺点,恰恰是别人求之不得的优点等内容。

当然,基于儿童的特性,例如认知局限性、以自我为中心等,培训效果因人而异,甚至预热与准备机制

图1 儿童志愿者开展专项培训(广州市少年宫"心际特攻"融合教育活动)

也可能存在反作用。例如在实际活动中,部分孩子仍旧会标签化"特需儿童",表现为过于关注与讨论对方的特殊行为。但相对而言,事先培训的融合效果仍旧大于没有任何准备行为的融合活动。针对不同孩子的理解而形成的现场表现,教师可通过积极引导形成正向效应。

其次,对于特需儿童而言,重点在于帮助其融入社会。 为特需儿童创造更自然

真实的情境，促进他们在活动中学习并巩固交往、沟通技巧；学会与他人合作，完成一定的成果；协助他们发展自信，帮助他们为融入社会做好准备。

三、融合教育的教学挑战及应对

融合教育在具体实施时，面对着教学对象智力水平不一致、群体合作意识弱、教学手段复杂、评估方式多元等一系列挑战。

同时，在教学实施中，教师容易陷入"自我感动"，即因为在与弱势群体的相处与帮扶中生成的"自我感动"。对待特需儿童的教育活动，不在于一两次的热心帮忙，而是需要理性思考如何切实让学员受益。打个比方，教师们在活动中，因课程、示范或安抚需要会与特需孩子牵手或拥抱，这固然可以给孩子或家长带来很大的心理安慰，但我们的教育工作不应只满足于此，而是在教学目标或行动上有更多的作为。

具体来说，在教学活动的设计上，需要考虑：

1. 创设无差别、多维度活动

从儿童多元发展的角度出发，在活动场景与内容的设计上兼顾人文、自然、科学等多个方面，创建优质、多元的活动项目，提倡无差别、多面向的儿童教育。

2. 坚持以融合为基本原则

项目总体意义在于促进接纳、关系融合以及多元发展。因此，在活动开展过程中，需要特别注重群体间的融合与关系促进，包括但不限于在活动设计、交流提升、伙伴关系建立等方面（如图2）。

3. 强调手动、造物、创意与多元成果

在学习环境中充分调动学生的身体活动，使学生与环境、学习媒介发生互动，从而具象化地创造学习成果，避免过于文

图2 "荔水寻秘"荔湾湖漫游（广州市少年宫"开FUN课诗意游岭南"融合系列活动）

本式的学习，由此促进学生通过动手造物锻炼五感感知力、解决问题能力、意志力、独立性等综合素养。在尊重个性表达的基础上，主张并鼓励通过不同的介质及方式呈现成果，兼顾视觉型、听觉型、触觉型等类别的成果及成品（如图3）。

图3　广州市少年宫"开FUN课"融合系列活动成果

4. 具备充分安全保障与积极阳光的环境

在开展活动的周期、地点、内容、实施方法上，都要充分保障儿童安全。同时，创造积极的、开放的、愉悦的学习环境，最大程度激发学员的参与动力。

四、融合课例：恐龙时代大穿越

（一）基本教学情况

1．教学场所：广东省博物馆古生物展厅

广东省博物馆是大型综合性博物馆，其中"探寻消失的生命——古生物馆"以生物进化过程中发生的重大事件为线索，以各地质时期具有代表性的化石和以恐龙为代表的大型古脊椎动物骨架标本为载体，结合复原图、科普漫画和多媒体等表现形式，详细讲述了包括人类在内的地球生物，从无到有、从海洋到陆地的漫长演化与发展历程。

2．教学目标

在整体教学目标上，不特别强调知识的获取，更多以科普形式，激发学生对于古生物的探究兴趣、科学观念的了解，更重要的是基于故事的改编创造，引导孩子思考在与亲人朋友的相处中，懂得爱、懂得感恩。

授课对象：7—11岁儿童，特需儿童：普通儿童=1：4。

（二）教学过程

1．巧妙设置团队角色

在团队角色上，每一个小组里，都按照不同恐龙特性进行组内角色分配，导师向每位孩子说明其所选的角色、形象特性与分属组别，并强调所属角色在整个活动中需要负责的任务。

表1　"恐龙时代大穿越"组内分工角色表

角色	优势	组别角色	角色任务
霸王龙	草原之王	导航组	统筹任务，带领队伍
马门溪龙	脖子最长，便于获取食物	辅导组	负责现场环境保持与照顾成员
剑龙	具有超强的防御能力	天使组	负责学习任务完成辅导与维持纪律
鹦鹉嘴龙	具有特殊的外表	创作组	负责创作部分任务

在这一过程中，我们会询问学生不同恐龙的优点和缺点，例如霸王龙虽然是草原之王，但短小的前肢除了平衡身体，没有太多其他用处等等。

这一环节的整体考虑在于：

引导接纳：让孩子们了解没有一只恐龙是完美的，正如没有一个人是完美的。肯定自己的优点，也正视自己的弱点。在一个团体中，接纳差异与特殊需要，接纳他人也是帮助自己。

强调无差别：根据角色特点代入学生在组内的角色，如导航员、辅导员、天使等等，而非组长之类的垂直性管理角色，可以尽可能无差别地分工，进行组内合作。每一个孩子既是团队的管理者也是被管理者。

推动伙伴关系：除了以分组角色建立伙伴关系，同时现场征集小伙伴以一对一手牵手、N帮N的模式，给予特需儿童更多关爱。小志愿者在活动全程牵手并关注特需的小伙伴，成为团队内的融合榜样，并带动更多的小伙伴成为"融合"的一员。

激发兴趣：从恐龙类型到组内角色，可一定程度上激发学生对学习内容的关注与兴趣。

我们认为以上的考虑在"融合教育"中特别重要，在每一个教学环节中，都尽可能渗透"融合教育"的理念。作为综合实践活动，过程教育同等重要。

2．展厅活动

在博物馆中，借助化石了解不同恐龙的身体特征。结合想象力，推论其可能具备的生活习性（如图4）。

食肉类与食草类恐龙外观有什么区别？

"尖齿、利爪、头部大小、腿部特点……"

恐龙的视力好不好？肉食类的恐龙视力好一些还是植类的？

"食肉类恐龙，吃肉多，对眼睛有好处，视力会好一点。"

"食草类恐龙，看绿色植物多，视力应该会更好。"

"食肉类恐龙要发现猎物，眼力要好才行。"

"食肉类恐龙，吃鱼多，鱼油可以保护视力。"

"食草类恐龙担心有其他吃肉的恐龙吃它，所以要视力很好随时能发现危险。"

"……"

古生物学家要怎样才能了解恐龙的视力呢?

"看恐龙的粪便,看它们吃的食物是不是在很远的地方。"

"根据眼睛大小,大眼睛应该视力好一点吧。"

"看两个眼睛的距离吧,距离近的视力好一点。"

"看眼睛的高度,越高看得越远。"

"……"

恐龙是怎么睡觉的?

"四肢动物很多都站着睡的。"

"趴着睡舒服一点,有危险也可以马上起来逃命。"

"我看恐龙的片子,它们有些是侧躺着睡。"

"……"

图4　广东省博物馆古生物展厅互动讲解现场(广州市少年宫"无障碍的博物馆"融合教育活动)

为了印证恐龙睡觉的姿态，孩子们纷纷模仿恐龙睡觉的样子：坐着睡、站着睡、正面趴着睡、侧面躺着睡……尝试以恐龙的体型及身处的环境想象最日常的睡觉。

此外，还讨论了"恐龙还有后代吗？恐龙会孵蛋吗？"等问题。

在这一环节的教育活动中，主要考虑：

重点不在于答案，而在于"大胆假设、小心求证"的科学思维。不随意否定任何的答案，科学的求知原本就是没有止境的，引导学生多做求证与思考，给予孩子们充分的信任以及表达的安全感。

所有人都参与其中。包括老师与特殊需要儿童，都变成了中生代的恐龙一员，我们回到同一个起点，思考我们面对的星球、我们的生存与日常生活。无差别地对待每一个人，不以知识及能力作为评判的标准，参与就是目标。

更强调与外界的关系。以恐龙的模拟视角想象身处的世界，讨论恐龙与人哪类生物更成功地适应了地球，思考我们与自然界的相处方式。

侧重快乐的体验。过程中，尽量让学生们保持参与的情绪，例如同学们通过化石观察、站队游戏、情景模拟等形式开展互动，充分提升学生专注力与调动学员的参与热情。

3．故事续演

接下来的环节，导师进行故事导读——宫达西的《你看起来好像很好吃》，故事描述的是：

主角小霸王龙被草食性慈母龙收留在自己族群，并且被尽心尽力地抚养长大，与慈母龙家庭也建立了深厚的感情。但自己喜欢吃肉的天性日益严重，有一天，因为其他霸王龙的出现与争斗，小霸王龙终于认清了自己的真实身份。是离开？还是继续与慈母龙家族一起生活？

我们邀请小朋友们续演故事，用拼搭好的恐龙家族场景，以皮影戏的方式续写故事（如图5）。

在为孩子们搭建的小剧场里，孩子们替小霸王龙做着选择，其实也是在选择中投射着自己的内心（心理学投射技术）。

"哈特（指小霸王龙），你还是和我们生活在一起吧，在外面有人欺负你怎么办？"

"妈妈，谢谢你养育了我长大，但我是一只霸王龙，我得回到草原去。我会一直保护着你们，如果有其他恐龙欺负你们，我一定会出现打败他。"

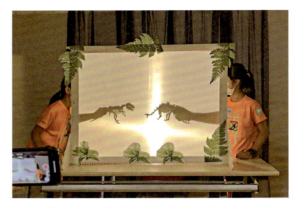

图5　《你看起来好像很好吃》故事续演（广州市少年宫"无障碍的博物馆"融合教育活动）

慈母龙妈妈告诉儿子（小慈母龙）："你一定要把哈特找回来，告诉他无论他变成什么样子，妈妈都是爱他的。"

尽管表达方式不同，但结果基本上都传达了孩童最朴实的想法与愿望——家人就应该在一起！家人就应该彼此保护与守望。

在这一环节的教育活动中，主要考虑：

接受孩子们编出的任何结果，同时尽可能挖掘与引导其中精彩的部分并与大家分享。

展示过程让每一位都参与，强化群体的融合感。

在情境中引导孩子体会关系，与同伴的关系，与家人的关系。

在以上的融合活动设计中，第一部分是从人到恐龙的角色转变，从而体验、思考人与自然的关系；第二部分皮影戏是从恐龙到人的情感体味：家人对于我们的付出，我们对家的依赖，我们与家人不可分割的关系，我们的成长与离开。

五、教学反思与课堂困境应对

（一）教学目标要藏起来

在融合教育活动中，教学目标相对要藏起来，不带有太强烈的目标期望（如普通儿童一定要帮助特需儿童），呈现在孩子们面前的是轻松的、鼓励的、愉悦的参与过程。只有在这样的氛围下，特需儿童才有参与的可能，而普通儿童也同样能自如地发挥所长，并力所能及地帮助他人。

（二）当特需儿童依然在自己的世界里

当特需儿童参与度较低时，我们更多是要刺激其反馈，将任务分解或降维为五感的直观感受。例如他不一定要回答"恐龙的视力好不好"的问题，但导师可以引导他去站一下队，参与其中，用行为表达一个态度或想法；或者由其他同学、导师或家人陪同完成，过程中需要导师给予学员积极的反馈。在融合教育过程中，有一类刺激还在于调动特需儿童五感，与真实社会发生关联。美国心理学家霍华德·加德纳（Howard Gardner）在1983年的著作《智能的结构》（*Frames of Mind: The Theory of Multiple Intelligences*）中首次提出了多元智能理论。基于多元

智能理论，加德纳提出了多感官教学的概念。多感官教学强调通过多种感官通道来接收信息和进行学习，以满足不同学生的学习风格和智能类型。根据多感官教学的理念，导师应该提供多样化的教学材料和活动，以激发学生的多个感官，从而增强学习效果（如图6）。

图6　五感探索城市空间（广州市少年宫"开FUN课"融合教育综合实践活动"同在一座城"）

（三）允许课堂现场的不和谐

融合教育，在实际操作当中，特需儿童以及普通儿童都会有一些与课堂期望不一致的反馈。我们需要将这些不和谐、不合作当作课堂的一部分，接纳与反思；将其作为教学工作的一个进步契机，面对与引导，修正导师自身的干预行为。

例如，特需儿童兴奋度较高，出现一些跑动、喊叫与行动异常时，我们则需要适度降低刺激，通过言语与身体语言表达理解与安抚，或通过给予奖励、转移目标等方式适度巧妙地改善不良行为。

又如，普通儿童也会因为排斥与不解而产生一些消极或负面的课堂反应，这是人之常情，也正是触及我们的课堂核心：如何引导接纳。我们可以告诉孩子们，每个人都不一样，我们在某些时候也会有病痛、脆弱、无助的时候，也需要他人的理解与帮助。当你需要帮忙的时候，你一定最不希望看到的就是别人的嘲笑。如果不能提供帮忙，那至少我们不要让事情更糟糕。

（四）课堂节奏的可调节性

给课程设置相对弹性的进度与节奏，允许课程出现停顿、空白的时刻，这就需要我们给课程设定最低目标与最高目标。课程的多元化设定，无论是形式还是成果，本身也给予了不同孩子参与的可能。在此基础上，积极关注互动与关系的构建。

融合教育到底融合了什么？

融合在关系，尊重差异，建立伙伴关系；

融合在课程，多维活动，多元成果；

融合在社会，关注教学场景与实际生活的关联性。

融合教育，与其说是在帮助特需儿童，不如说就是在帮助我们自己，普通儿童、教师，每一个人，都是受益者。在融合教育中，重新认识世界，重新理解关系，也重新发现自己。

－ 注释 －

［1］［2］黄筱瀛，关小蕾. 让世界更美好——融合教育综合实践活动读本［M］. 广州：广东海燕电子音像出版社，2020：22-23.

［3］黄筱瀛，关小蕾. 让世界更美好——融合教育综合实践活动读本［M］. 广州：广东海燕电子音像出版社，2020：12-20.

行

研学中要允许有突发事件的存在，

并从中帮助学生分析问题，寻求解决问题的办法。

通过一些具体方法，

危机事件往往也可以转化为良好的教育契机，

为学生发展自我创造机会条件，

并对团队管理产生微妙的化学反应。

【本章作者】刘　洁　卢悦云

从体验到成长：
让研学促进青少年的"社会化"

　　在研学旅行中，根据区域特色、学生年龄特点和各学科教学内容需要开展探究性学习，学生走出校园，在与平常不同的生活中拓展视野、丰富知识，加深与自然和文化的亲近感，通过走进更广阔的自然与社会中，体验人与自然、人与社会、人与自我的关系。

　　因此，在研学过程中，作为课程设计者与导师，需要思考如何让研学更大限度地促进学生走进社会、融入社会，并从中习得成长。

　　毛齐明在《体验取向下研学旅行课程活动设计》一文中提到："亲身经历、真实情境、体会与感悟可视为体验的三个特征……体验是主体对活动的直接参与，而不是坐在教室里听教师讲授。其次，体验强调真实情境中的参与……需要主体与客体直接对话，而不能仅仅借助教材的文字转述……缺乏体会和感悟的经历会失去教育意义。"[1]这一段充分说明了研学旅行中的体验是不同于校内教学的社会化教育过程。

一、我们终其一生都在"社会化"

　　社会学家费孝通先生说："每个人都有自己的一段生活，一套切身的感受，这段生活就是你要取材的源泉。"从社会学的观点来看，社会化（Socialization）是指个体在与社会的互动过程中，逐渐养成独特的个性和人格，从生物人转变成社会人，并通过社会文化的内化和角色知识的学习，逐渐适应社会生活的过程。在此过程中，社会文化得以积累和延续，社会结构得以维持和发展，人的个性得以健全和完善。社会化是一个贯穿人始终的长期过程。[2]而社会学与心理学的交叉学科——社会心理学也提出了"社会学习理论""文化内化理论"等观点。

在从大巴行李箱拿行李出来时，要不要帮其他同学？餐桌上要不要帮其他同学涮碗筷？在博物馆有自由活动时间是去接着看展还是去文创店买东西？同学偷偷去买奶茶要不要告诉老师？

这些看似"微不足道"的细节，却是个体在社会中学习和适应社会规范、价值观和行为模式的过程。只有当同学们走进研学中所面对的小社会，突破过往两点一线的生活，在多面向的生活中，才有更多检索、试错、反思的可能。班杜拉提出的社会学习理论，认为个体、环境与行为三者之间是相互作用、互为因果的关系。个体在环境中，通过参与性学习与替代性学习（观察他人），以及不同的强化模式，塑造行为。

二、研学中的"社会化"

我们以广东博物馆主办的"驿路同游之樟林古港与潮汕文化"主题研学为例，尝试阐述研学过程如何助力青少年的"社会化"（如图1）。

图1　樟林古港探究（广东省博物馆"驿路同游之樟林古港与潮汕文化"主题研学，下同）

（一）从南澳岛科考到学科素养

南澳岛是广东第三、潮汕第一大岛，古称井澳。地理位置独特，地处台湾海峡南口，广东全省距离台湾地区最近点，处于高雄、厦门、香港三大港口的中心点，位于粤、闽、台三省交界海面，素有"粤东屏障　粤闽咽喉"之称。南澳岛历来是东南沿海通商的重要节点，也是对台和海上贸易的主要通道，明朝"南澳一号"古沉船佐证了南澳岛曾是"海上丝绸之路"重要门户。

同学们将高中课堂学到的化学、生物、地理等知识进行综合运用，开展海岛科考。在海岸，观察礁石生物的种类与分布成因；在宋井，做水质监测，结合井边观察做淡水层分析；在岛上，做海岛生物种类与环境相关性分析，探究海岛生物多样性（如图2）。

图2　广州市第十六中学学生在南澳岛开展科考研学

余文森在《论学科核心素养形成的机制》中提到："对于中学生而言，增强以概念思维为核心的学科知识与非概念表征的生活世界（实践）之间的联系，是知识得以迁移、转化和应用的重要基础，也是学科核心素养生成的基本保障。"[3]角色是指处于一定社会地位的个体依据社会的客观期望，借助自己的主观能力适应社会环境所表现出来的行为模式。[4]学科的学习，学科素养的养成，就是学生根据其特定的行为期望和责任，通过学习和适应这些角色要求来完成角色社会化的过程。除了校内，学生也体会着在不同场景下的学习过程，感受学习的乐趣与成就，理解学以致用的责任。

（二）从潮汕工艺到文化理解

潮汕工艺的精湛令人钦佩。拥有千年历史的潮州府，历来作为潮汕地区的政治与文化中心，商贸繁荣，文教昌盛，历史文化底蕴悠久独特。其中，潮州传统工艺今天在其孕育的土地上依然有着强盛的生命力，而潮人"择一事，终一生"的工匠精神是急剧变化的时代所稀缺的珍贵品质。

图3 潮汕建筑工艺——嵌瓷、木雕等

　　有种说法，潮汕匠人的精益求精、工艺非凡，并非完全出自天职与使命感，部分应归咎于旧时地少人多、高度竞争下，养家糊口、获得更多收入的功能需求。在这些绝妙工艺的成就里，绝不可能仅是手艺精湛就可以成全的。工艺比拼的最后，是以心化物，以形感人。

　　独特的地理条件与生存环境，生成了潮汕人在各行各业精益求精的工匠精神、抱团文化与商业智慧。在潮汕独具匠心的传统工艺里，除了对于其中蕴含的专注力、使命感、责任心的现实理解，还有体验潮汕民俗的情怀与生动性，探究潮汕地区对传统文化的传承与创新，也不失为另一种理解当地文化习俗的"社会化"（如图4）。

图4　潮汕传统工艺及民俗——潮绣、贝雕、工夫茶体验

（三）从樟林古港到乡土情怀

樟林古港（如图5）是无数潮汕先辈搭乘红头船扬帆出海下南洋的古港口。一艘红头船，定格出潮汕人的海洋性格——敢为人先、拼搏进取。汕头港开埠，接替

图5　樟林古港走访

樟林古港成为海上丝路的重要节点，一封侨批（一种含有汇款的特殊家书）书写出潮汕人质朴绵长的乡土情怀。

乡土情怀，支撑着一代代潮汕人出外打拼，赡养族人、光耀门楣，也在个体风雨飘摇的海外生活中形成独有的潮汕商帮文化、抱团精神，进而反哺潮汕文化，让其成为族群特有的社会标签，发扬光大。

行前课上，同学们了解了侨批的由来与潮汕文化（如图6）；在汕头博物馆，细读一封封侨批；在侨批工作坊，根据当年的真实故事代主人公书写一封侨批。无论是为家中孩子缴交学费、还是过年时节慰劳老母奉上的年金……每一封侨批，在同学们的书写间，情义跃然纸上（如图7）。

图6　在广东省博物馆开展行前课解读潮汕文化　　　　图7　学生书写的侨批

在街区，我们看到工夫茶、潮汕小吃、潮汕建筑元素依然活跃在民间（如图8）；在购书中心，我们看到不同人著书立说保护与传承潮汕文化。乡土情怀背后是对自我文化的认可与自豪感。我们来自哪里？我们要怎么与别人述说我们的文化？无论走到哪里，文化认同都是我们的底气与骨气。

图8　潮州古城走访调查，发现依然活跃在民间的潮汕文化

（四）从韩愈到利他精神

结合发展心理学的观点，青少年的"社会化"过程表现之一，是伴随着语言、心理、生理能力的发展，出现"道德成熟"，即利他精神与社会道德。这种道德成熟，并非是因为外部的奖惩而产生的行为，而是因为一种内化的道德标准和规则，产生的自我约束。

在潮汕研学中，我们走近了一位伟大的唐代先贤——韩愈。因为反对唐宪宗迎佛骨进京城礼拜而触怒龙颜，被贬至潮州的韩愈，用他在潮州的八个月带来了此地的文明开化与后世繁盛。远贬潮州是韩愈一生最大的政治挫折，但是官场失意的韩愈

图9　韩文公祠研学

并没有因此而消沉，更没有因为前途未卜而自暴自弃，而是致力于当地福祉。潮州人民为了纪念韩愈，在韩山上修建了韩文公祠来纪念这位伟大的人物（如图9）。

在研学过程中，我们设计了在韩文公祠演绎三幕《韩愈与潮州》情景剧的环节。同学们利用两个晚上的时间进行人物角色揣摩及排练。在排练过程中，同学们通过了解历史背景进而理解历史人物当下的行为与选择、悲喜与胸怀。有一回，适逢台风过境，韩文公祠显得格外古朴典雅，氤氲如水墨，一切似乎与一千五百年前的某个平常日子一般。在再次聆听了韩愈生平故事后，三幕情景剧悉数上演。经过此前的酝酿，同学们皆淋漓尽致地刻画出了韩愈的苍凉愁苦、坚毅果断、智勇仁义。

韩愈何以能够兼济天下，胸怀大义？无非在于一个同理心、同情心。小到百姓疾苦、大到国家兴亡，都在他的"记挂"里。当心中有人、有家、有国，就不难成为栋梁之材，而这些，都需要从日常点滴养成。

在研学中，我们也时刻面临着这样的考验，餐桌上、团队里、任务中……拿捏平衡着"自己"和"他人"、"自己"和"团队"、"小团体"和"大集体"之间

的关系。纵然一次研学不可能让孩子们醍醐灌顶，但至少在与相对陌生的他人与社会的高频率互动中，在前人的足迹下，有更多一些思考与反思的时刻。

康德说过："世界上唯有两样东西能让我们的内心受到深深的震撼，一是我们头顶上灿烂的星空，一是我们内心崇高的道德法则。"

研学不仅是一场对知识的探究，它更是我们人生路上可以试错的旅途。在"社会化"的过程中，我们学习融入一个陌生的环境，学习面对不确定，学习结交新朋友，学习为他人着想，学习以心相待，学习承担起自己的责任，学习找寻理想。只有如今一次次的试错，只有现在认真对待自己的每一份小责任，未来，我们才可能真正擎得起自己的未来！

- 注释 -

［1］毛齐明. 体验取向下研学旅行课程活动设计［J］. 湖北教育，2022（3）：5-7.

［2］郑杭生主编. 社会学概论新修（第3版）［M］. 北京：中国人民大学出版社. 2003：82.

［3］余文森. 论学科核心素养形成的机制［J］. 课程·教材·教法，2018，38（1）：4-12.

［4］周晓虹. 现代社会心理学——多维视野中的社会行为研究［M］. 上海：上海人民出版社. 1997.

从广东省文博研学资源调研浅析馆校合作路径

广东省博物馆协会于2022年1月至3月期间开展广东省文博研学资源调研，计划摸清博物馆及文博单位、学校和研学旅行机构当前文博资源研学情况、需求和目标，以有效统筹各方利益和发展方向，系统规划，提出研学实施战略，提供文化资源基础保障。

本次调研执行时间为2022年1月25日—2022年3月6日，采用桌面研究、问卷调研、专家访谈、实地走访等调研方法。调研实际完成有效定量研究样本：广东省文博单位95家、大湾区广东地区学校113家、广东省研学机构与旅行社30家；另外包含上述单位共计13份定性访谈样本。

一、研学大市场中的博物馆教育

据艾媒咨询预测，2026年研学市场规模预计将达到2422亿元。

广东省三个比较主要的行业协会：广东省研学旅行协会、广东省旅行社行业协会研学专委会、广州市研学实践协会，也积极开展了各类促进行业标准化、专业化的措施，如导师培训及考核、课程及服务标准化制定、研学基地与营地遴选等等，快速提升了行业整体的运作水平。

我们聚焦到博物馆研学及教育项目来看。

近年来，政府出台的关于文博研学的相关政策对行业的健康发展具有积极的推动意义，如2020年9月，教育部、国家文物局联合印发《关于利用博物馆资源开展中小学教育教学的意见》，对中小学利用博物馆资源开展教育教学提出明确指导意见，鼓励学生课后到博物馆学习、馆校合作、博物馆进校园等，国家文物局、退役军人事务部在2021年3月联合印发《关于充分用好革命文物资源及烈士纪念设施服务党史学习教育的通知》；2022年2月1日文化和旅游部办公厅、教育部办公厅、国家文物局办公室联合印发《关于利用文化和旅游资源、文物资源提升青少年精神素养的通知》。进一步健全博物馆与中小学校合作机制，促进博物馆资源融入教育体系，提升中小学生利用博物馆的学习效果。

在文旅融合、研学旅行、"双减"的政策倡导与文博多元实践下，博物馆教育获得长足发展，特别是在受众范围、功能定位、教育活动质量上都有了快速的发展。据国家文物局统计，2023年全国共有6833家博物馆，观众数量达12.97亿人次。

与此相应的，博物馆教育属性也受到前所未有的关注。2023年国际博物馆日主题为Museums for Education and Research（博物馆致力于教育和研究）。这是国际博协33年以来首次将教育和研究列为博物馆日主题，强调文博单位在提供全面教育体验上的关键作用。

从本次文博单位研学资源调研可知，到2021年为止，61%的大湾区广东地区学校曾经开展过博物馆研学，广东省内博物馆每馆平均开展了35.4场研学活动，每家博物馆全年平均覆盖接近2700研学人次。虽然在新冠肺炎疫情期间，博物馆开展研学活动的态度较为谨慎，但在可行条件下，仍旧抓住时机积极开展。不过，博物馆研学同时存在发展的不平衡性。2021年，一级和二级博物馆每年开展研学活动为49场，而三级以下博物馆每年开展研学活动为27场。

无论是博物馆的流行化、观众年轻化的趋势，还是博物馆终身教育功能的强化，都昭示着博物馆在研学领域的重要价值与巨大潜能。但是，我们再来看看那些在博物馆研学的真实场景：当一车一车、一班一班的学生鱼贯进入博物馆，其中不少的研学群体都冠以"探索"的名义开展自由活动。研学导师或导游在门口宣布集合时间、地点，而后导师放松、学生放养，两相欢喜。学生们快速将文物牌上的信息抄下，就算完成了"研学任务"。剩下的时间，就在博物馆里闲逛、刷手机、打游戏、买文创。基本的讲解可能都没有，更谈不上探究性学习、研究性学习。

在本次调研中，90%的学校表示有较强烈的意愿参与博物馆研学。博物馆作为为学生提供丰富教育资源的场所，通过参观导览、参与教育活动等方式，可以成为提升综合素养、落实素质教育的重要空间，成为校外教育的重要阵地。

那么，双向奔赴该如何实现？

二、博物馆馆校合作主要面临的困难与障碍

在2022年"广东文博研学资源"调研中，针对"利用博物馆资源开展研学活动的障碍"这一问题，我们分别了解了学校、文博单位及研学机构的意见。综合来看，主要是以下三个方面的问题：

1．结构性问题

指在政策导向、资金投入、管理指导方面自上而下的影响因素。具体原因包括馆方对于研学的重视度仍有提高的空间；博物馆负责宣教、社教相关板块的人员数量有限；费用来源受限等方面。

2．教学设计问题

这方面是博物馆研学中的核心问题，包括研学内容与学生匹配度低，研学形式互动性、多元化不足等。目前大多数博物馆都是以讲解、讲座这类单项输出为主，体验活动相对单一，没有形成相辅相成的关系。尽管部分展馆有互动设备，但由于维护力度不足，导致经常出现闲置状态。这对观众的体验感和参与度有很大的影响。

我们再来看本次调研的69所曾经开展过博物馆研学的学校，在可以促进学生积极参加博物馆研学的因素中（如图1），最为重要的是趣味性（包括活动有趣、参与感强及导师授课生动有趣），其次是连接度（包括能拓展课外知识，内容结合学生生活与学习内容）。

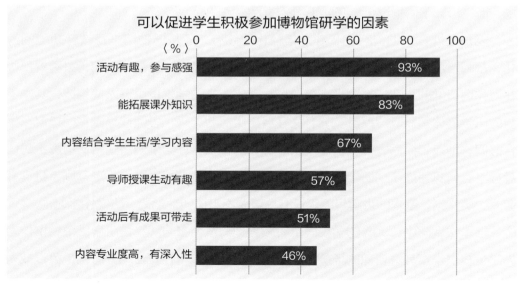

图1 学校认为可以促进学生积极参加博物馆研学的因素（多选）

N=69（广东省文博研学资源调研中曾经开展过博物馆研学的学校）

研学不是简单地将校内的课堂转移到校外，趣味性是学生课堂之外体会自然与社会大课堂的动力，也是我们让学生体会学习的多元有趣的最佳途径；连接度是我们在研学设计中最常提及的字眼，无论是简单地满足好奇心、拓展知识，还是与学生的所学、所历、所感关联，目的都在于让学生寻找与认同学习的价值。

3. 组织与实施问题

研学群体多以年级为单位前往博物馆，未成年人为主，因此涉及包括可容纳学生体量、出行安全责任方归属、交通方式、餐饮配套等问题。省内大多数博物馆空间有限，周边设施不健全，特别是在餐饮和停车方面，不能很好地满足大批量团队的接待需求。而出行的安全责任问题在馆校合作的时候，也会成为一个真空地带。

通过以上三个层面问题的分析，我们又可以看到，在馆校合作中，教学设计问题是核心问题，结构性问题为教学设计问题提供统筹支持，组织与实施问题为教学设计的实施提供支撑保障。甚至可以说，结构性问题与出行保障问题是教学设计得以实现的前提要素。

那么，从以上三方面问题出发，我们试着讨论：怎样的馆校合作模式，可以更好地通过博物馆构建良好的教育生态，让博物馆真正成为学校教育的重要一环，满足立德树人的教育目标。

三、馆校合作的可能模式与具体操作

馆校合作的形式多种多样，主要有以下几种：

模式一：到博物馆。学校组织学生参观博物馆，由学校老师根据博物馆资源设计课程并实施，或者由博物馆主导开展教育活动，如讲座、工作坊、互动展览等。

模式二：去学校。由学校与博物馆合作开展校内课程，将博物馆资源融入教学中，以展览、课程、活动等形式在校内开展校本课程与活动。

模式三：做研究。学校与博物馆合作研究，围绕博物馆教育或其他学术专题开展。

我们重点讨论模式一与模式二。

（一）到博物馆去

1. 提倡博物馆研学的分龄教学

目前，博物馆展览模式还是以成年人的习惯和意识为主，很少进行分龄设计。讲解词方面，也极少能区分受众。博物馆面向青少年推出的教育活动形式也较少按照年龄段形成系列化。

时任广东碧桂园学校大队辅导员的张小雅建议："博物馆可以先根据自己的优势和资源，预想或沟通了解学校的诉求，针对学生不同年龄、研学不同主题来制定一系列的研学体系或预案。这样与学校接洽时，就可以引导学校根据自己的需求选择与组合，可操作性更强。"

展览导赏仍旧是博物馆开展研学活动的重要形式之一，导赏在引发学习兴趣、了解研学内容、串联研学主题、引导深入探究上发挥着积极的作用。因此，更需要我们思考，如何通过讲解，将学生从当下的环境带入历史的长河中，而后又能回到现实与自我对话，包括如何通过主题、线索将展品进行有机串联，从而具有故事一般的连贯性。

研学的开展需要匹配不同学生群体的心智及成长特征，同理，展览导览的话术与表达形式不能一概而论、千篇一律。以小学为例，学生的学习能力在文字的读写与逻辑认知上处于初级阶段，导览的内容不宜过于复杂，逻辑关系应更为单一，且贴合学生的生活场景，更多以互动问答的方式推进与鼓励学生参与；初中阶段，学生具有较好的理解能力及逻辑思维能力，宜适当扩展在展览中相关的其他信息，以作见闻与知识上的拓宽。

时任广州市第一一三中学初中历史科组长的许缨认为，讲解员需要放低姿态，让孩子们能看得懂，听得懂。有时候讲述的语速太快，孩子们还没有反应过来就结束了。要对典型文物进行讲解，以一个点带动整个展览的理解；如果按教科书讲一遍，没有重点，听众就无法形成共情。

2. 博物馆研学的开展类型

博物馆可用于研学的资源不仅仅是展品资源，博物馆本身所包含的内容资源（文物、展览、建筑）、功能资源（宣教、展示、交流）、职能资源（研究、策展、文保）都具有丰富的教育空间与可能，利用这些丰富的资源可以开展历史人文、革命传统、非遗、劳动实践、自然生态、国防科工等类型的研学，真正发挥其在学科巩固、知识拓展、兴趣发现、立德树人方面的效用，成为教育生态中的重要一环。

因此，博物馆可以在原有主体内容的基础上，结合学生感兴趣的类型或学科方向，对研学内容进行多类型或跨学科的融合。例如，根据调研显示，自然生态与劳动实践是学生参与最多，同时也是学校期望开展及受欢迎程度较高的类型，文博单位可利用自然主题的展陈内容，或者结合展厅周边环境开展研学活动，以及通过融合日常生活劳动（个人生活技能等）、生产劳动教育（职业体验、非遗等）、服务性劳动教育（义工、社会服务等）开展研学活动。

从横向关联来说，博物馆的自然风物、建筑遗址、传说故事、周边街区社区等都可能成为博物馆研学素材。农讲所纪念馆"寻红记"人文与科学研学课程（如表1），高度匹配农讲所的特征，紧扣农讲所的标志性印记："红花""红墙""红色精神"，围绕农讲所中的"红"进行不同角度的诠释，以其独有的建筑、植物、文物与历史事件，从多元角度诠释其文化内涵。

表1　农讲所纪念馆"寻红记"人文与科学研学课程说明

主题课程	课程介绍
课程一　湾区花红	结合农讲所中的自然观察，从植物姿态、色彩、生长条件等角度，了解广州独特的自然环境和人文特征；通过操作实验，认识影响植物花卉颜色的因素；结合场馆探索，体会教育对匡正行为、成长立志的关键性作用，进而领悟农讲所在中国革命进程中的独特意义及重要贡献。
课程二　学宫红墙	结合农讲所中的建筑赏析，从建筑沿革、形制功能、装饰艺术等角度，了解农讲所呈现的岭南装饰工艺、色彩装饰的特点；通过操作实验，工艺体验，文化寓意解读，认识农讲所从百年学宫到红色地标的演变；结合场馆探索及人物认识，体会经受历练对于个人成长及成就人生价值的重要性。
课程三　红色记忆	结合农讲所中的现场参观及展厅讲解，从创办缘起、代表人物、重点史实等角度，了解农讲所在中国近代发展史中的独特价值；以农讲所中的文物为依托，结合文物修复体验，认识农讲所人物的具体事迹及精神品格。

从纵向关联来说，可以结合博物馆的功能资源（宣教、展示、交流）、职能资源（研究、策展、文保）开展高级别的研学。特别针对中学阶段的学生，助力其在高阶思维培养、专业能力发展、职业方向思考、社会服务与实践上有所受益。课程开展方向列举如表2：

表2 博物馆高阶研学课程建议

主题课程	课程介绍
藏品守护者	以藏品为线索，围绕文物开展深度探究。设定一系列的研究主题，通过馆内、馆外学习，把博物馆作为信息中心与综合学习中心，从不同角度探索与完成主题报告。
微展览策展人	策展陈列是博物馆最核心的工作。学员们先进行策展关键知识点以及创新式策展理念与方式的学习，后以工作坊（Workshop）的形式开放式探讨新展中1—2个板块的陈列形式并进行提案。
展览阐释者	基于"用户需求"思考博物馆与观众的互动关系。在某个展览中，如何根据不同类型观众的特质进行互动设计？如讲解词、学习单、互动装置的设计。此外，如何提升博物馆在个性化服务上的能力？例如针对外国人、儿童、残疾人等服务对象，以拓宽服务受众与边界。学员通过观察、调研、比较等学习方法，提出问题、设计方案、尝试实施并反思修正。
文物医生	学员们可充分了解博物馆在文物预防性保护以及科技手段防护上的经验，切实了解技术在文化领域的应用与结合；结合STEAM教育理念，将学科（物理、化学、信息技术等）知识充分运用于文保学习与体验中；也可根据情况完成展品状态调研及配合相应的文保工作。

以上的尝试在一定程度上为博物馆在教育上的深入化及系统化提供经验，为教育资源转化提供参考，为教育环境再造提供机会。打造博物馆教育的闭环与生态，学生基于博物馆学习，并反哺于博物馆。

3．学校参与博物馆研学活动的形式偏好

本次调研中，学校参与馆内开展过的研学形式较为丰富（如图2）。69所曾经开展过博物馆研学的学校表示，参与的博物馆研学形式以展览导览（83%）、专题讲座（54%）、专题影片播放（49%）为主。相对而言，学校（无论有无开展过博

物馆研学）对馆内研学活动的需求，更侧重于强互动体验的形式，例如沉浸式戏剧体验/教育戏剧、体验互动装置设施、主题工作坊、夏/冬令营等。寒暑假的时间相对灵活，课程规模与类型也可有不同组合，如工作坊、夏/冬令营、志愿服务等。这类研学课程需要更有针对性，对课程深度的要求也相对较高，博物馆可以根据实际的需求情况，提供相应的资源。

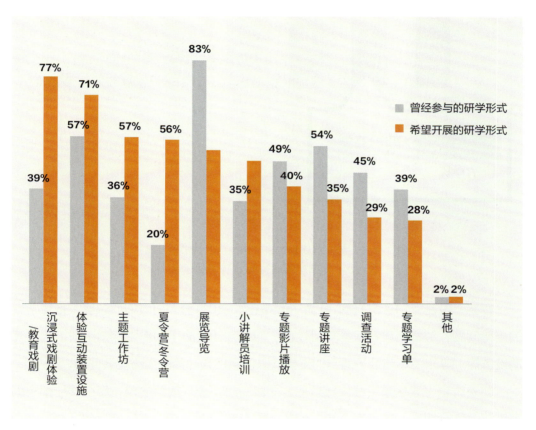

图2　学校曾经参与过的博物馆研学形式（多选）
N=69（曾经开展过博物馆研学活动的学校）
N=113（所有被访学校）

因此，博物馆独特的空间性决定了博物馆教育并不是单向的知识输出。只有利用空间的多样性、反差性、现场性，重组教学资源，创新研学形式，才能让学生充分参与到研学中来。

4．学校开展博物馆研学的时段及大批量研学接待对策

从调研数据得知（如图3），有57％的学校会选择春秋游时间开展博物馆研

学，其中小学的比例显著高于初高中学校。其次，寒暑假也是学校比较愿意开展博物馆研学活动的时间。

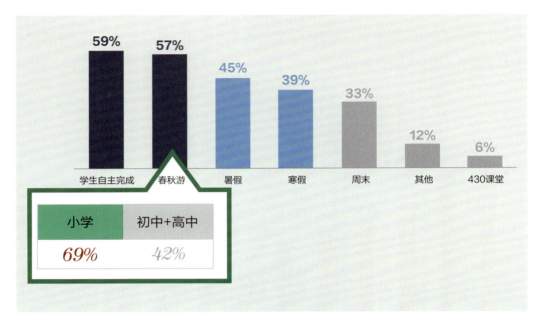

图3 学校一般开展博物馆研学活动的时间节点（多选）
N=69（曾经开展过博物馆研学的学校）

春游一般在3、4、5月份，秋游一般是在9、10月份。面对如何解决大批量学生的接待问题，博物馆可在研学项目轮换、增加互动设施（如自主探索手册、电子互动设备等）等相关环节给予适当的支持，以便实现大团体的人流轮调问题。

此外，也可考虑采用开放日模式，即有专门一天开放给学校，每个展厅都有固定讲解及体验活动；或者客座专家模式，即有专门人员在固定位置就藏品与公众开展交流，可以提供真品或复制品，让公众近距离接触展品。

从调研了解到，目前省内的博物馆大多数都不能满足大批量（如整个学校、整个年级）的团体接待。根据调研结果（如图4），47%的博物馆可容纳人数在100人以下。因此，面对大批量的团队，建议除了项目轮调外，可灵活使用馆内不同空间，增添不同的自助互动体验活动，如课程材料包、自主探索任务卡、互动设施（如触摸屏、人体感应装置、3D投影、展板装置、体验区、游乐园）等不需要多人力辅助的互动活动，以适应大体量接待。其实，只要想做，方法总比困难多。

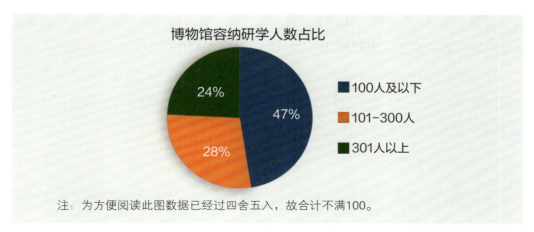

图4　场馆可同时容纳的最多研学人数
N=95（本次调研的文博单位）

5. 发挥就近优势，促进馆校合作

本次调研数据显示（如图5），每个博物馆（包括所辖各文博资源点），一公里以内平均有2所学校，二公里范围内平均有4所学校，仅有4%的学校周边没有博物馆。学校开展博物馆研学的范围，绝大多数也以市内及学校周边为主。从广东省博物馆、南越王博物院与周边学校的馆校合作模式来看，联动就近社区比较有利于馆校合作的落地。除了可以解决或适当规避师生的出行、交通、安全等问题，还适用于馆校的长期合作和成果展示。

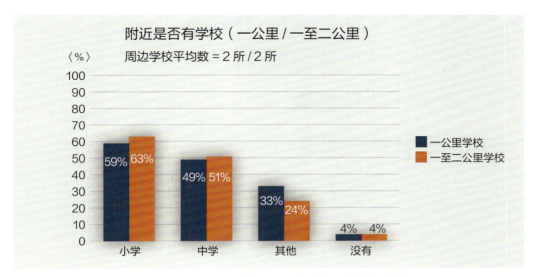

图5　博物馆周边一公里或一至二公里范围内学校覆盖情况
N=69（曾经开展过博物馆研学活动的学校）
N=95（本次调研的文博单位）

　　惯性思维认为，博物馆功能主要集中于馆藏、研究等方面，而对教育功能重视度会相对忽视。文博从业者容易给公众造成刻板印象，认为他们不自觉地陷入自己的专业领域，没有从客群的角度出发思考如何将博物馆与大众建立连接。改变这种刻板印象非一朝一夕，甚至已经改变了观众的觉察也具有后置效应。因此，就更需要文博从业者坚持不懈、不遗余力地努力与改变。

（二）到学校去

　　本次调研中，在开展过研学活动的文博单位中，有71%的博物馆涉及馆外研学，而从馆外研学模式来看（如图6），以展览、讲解、活动进校园为主，占90%，在社区开展研学活动的占57%，本市范围内串联各研学点开展占51%，说明广东各博物馆在馆外研学上具有一定基础。

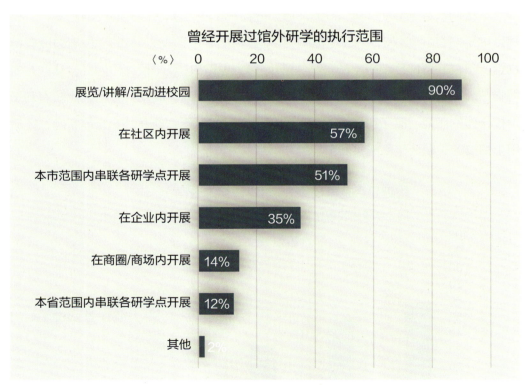

曾经开展过馆外研学的执行范围

展览/讲解/活动进校园	90%
在社区内开展	57%
本市范围内串联各研学点开展	51%
在企业内开展	35%
在商圈/商场内开展	14%
本省范围内串联各研学点开展	12%
其他	2%

图6　博物馆馆外研学的执行范围（多选）
N=69（有开展研学活动的文博单位）

　　特别在博物馆进校园方面，各大博物馆通过"430课堂"、选修课、送课/展进校园、配合学校开展活动等形式，积极推动博物馆教育资源与学校教育的有机衔接，深化馆校合作机制，将丰富的博物馆资源转化为学校教育教学资源，引导学生从纵深角度理解认识当地历史文化，拓展学科知识，开拓认识世界的视角格局，培养承前启后的责任与意识。

以下，我们重点说明几类馆校合作的形式。

1. 乡土教育进课堂

时任南越王博物院宣教部副主任李颖明给我们介绍了该馆与广州市越秀区建设大马路小学共建的"乐游南越"课程（如图7）。在课程实施前期，博物馆宣教人员联合数名资深语文教师组成专业课程开发团队，充分发挥各自优势，结合对方需求共同发力。通过课堂学习、实地考察、讨论互动、小组合作以及动手制作、期末汇报交流等多种方式实现探究性主题学习。到调研时，该馆累计面向7个年级开发了13套主题课程。

图7　南越王博物院和广州市越秀区建设大马路小学共建的"乐游南越"课程

另一个形式是广州海事博物馆"南海神庙"主题校本课程系列，课程从南海神庙的地理、历史、人物、民俗等角度，对接不同年段课本内容，了解广州作为海上丝绸之路重要节点的历史与发展。南海神庙始建于隋开皇十四年（594年），位于珠江的出海口，是中国四大海神庙中唯一保存下来的规模最大、最完整的海神庙，传承至今已有一千四百多年。作为历代皇帝祭海的重要场所、中外商舶进出广州的必经之地，这里既包含着对平安吉祥最真切的祈愿，也见证了古代海上贸易的辉煌历史。课程分小学及初中两个版本，初中版本（含部分小学课文）课程内容框架如表3：

表3   "南海神庙"主题校本课程框架

课程主题	涉及内容	对应课本内容
课程一：南海有座庙——南海神庙的建立及地理考究	1. "四海"的观念 2. 隋代"近山近海"的建庙立祠原则 3. 扶胥港与海上丝绸之路	初中地理（部编版） 七年级：《大洲和大洋》 初中历史（部编版） 七年级：《沟通中外文明的"丝绸之路"》
课程二：南海神有礼——南海神庙中体现的传统礼制	1. "岳镇海渎"与山川祭祀 2. 南海神庙的官方祭祀 3. 南海神庙的建筑形制	初中地理（人教版） 八年级：《从世界看中国——疆域》
课程三：南海神和他的朋友们——南海神的传说与故事	1. 南海神祝融的由来 2. 南海神历代加封故事 3. "五子六侯"的故事	初中历史与社会（部编版） 八年级：《大一统国家的兴盛与社会经济的繁荣》
课程四：到南海神庙赴会去——千年庙会"波罗诞"	1. 从南海神庙到洪圣宫 2. 从敬奉南海神庙到庙宇修葺 3. 千年庙会"波罗诞"	初中历史与社会人文地理（部编版） 七年级：《大洲和大洋、人类的栖息地、海洋对人类的影响》
课程五：南海神庙留言簿——莅临南海神庙的名人及轶事	1. 唐代张九龄兄弟代祭南海神 2. 宋代苏东坡题诗浴日亭 3. 明代汤显祖结缘南海神庙 4. 清代屈大钧的南海神庙情结	小学语文（部编版） 四年级：巴金《海上日出》 中学语文（部编版） 八年级：苏轼《卜算子·黄州定慧院寓居作》

通过在地学校的实践，以展览、课程、游戏等方式（如图8），让学生对乡土文化有更生动与具体的认知，进而思考个体与社会对于文化传承、区域发展的责任与使命。

图8　广州海事博物馆走进黄埔区开发区第二小学的三个校区开展课程

2．博物馆大思政课

2021年，教育部印发了《革命传统进中小学课程教材指南》（以下简称《指南》），这是第一个对革命传统教育进行系统规划的文件，它对革命传统进中小学课程教材进行了整体设计和科学谋划。2024年，国家对于思政课也提出了新的指示及要求。如何以生动创新的形式讲好中华优秀传统文化、革命文化和社会主义先进文化，需要创设与历史链接、与学生链接、与未来链接的课堂。

广东革命历史博物馆"红色广州　英雄城市——广州革命历史陈列"，是以广州近代革命史为主题，贯穿从鸦片战争到新中国成立期间的广州斗争历史。依托该展览，响应新课标多元教学需求，广东革命历史博物馆特开发一套适合初中年段的大思政课综合实践课程。

表4　广东革命历史博物馆"红色广州　英雄城市"进校园课程框架（部分）

课程主题	涉及内容	对接历史教材
第一课：曙光——真理的选择	➤知识课：通过三座红色历史建筑的功能演变，说明早期党组织在广州的蓬勃发展。 ➤课堂活动：制作红色建筑卡牌	第一单元第1课鸦片战争、第三单元第10课中华民国的创建 第四单元第12课新文化运动 第13课五四运动 第14课中国共产党的诞生
第二课：青春浪潮——团一大的召开	➤知识课：以"团一大的召开"为主题，从五四运动在广东激发巨大反响为切入点，探究团一大在广州召开的原因。 ➤课堂活动：浮雕叙当年	

（续表）

课程主题	涉及内容	对接历史教材
第四课：信仰的力量——黄埔岛上的将帅摇篮	➤知识课：以中国共产党在黄埔军校的教育实践为主要内容，认识中国共产党的早期军事探索。 ➤课堂活动：黄埔军校主题教育项目体验	第五单元第15课北伐战争
第七课：羊城风暴——1927广州起义	【实践课—移动课堂】本课采用通关模式，结合小剧场，帮助学生建立对三大起义之一的1927广州起义的认识，把握重要的历史细节，传承起义精神。	第五单元第16课毛泽东开辟井冈山道路
第八课：烽火童年——广州儿童剧团的抗日斗争	➤知识课：通过广州儿童剧团的事迹，呈现中国共产党领导下的广州人在艰难的环境中进行抗日斗争的史实。 ➤课堂活动：微剧场	第六单元第19课"七七事变"与全民族抗战、第20课敌后战场的抗战、第21课抗日战争的胜利
第九课：羊城破晓时——1949广州解放	➤知识课：选取1949年广州解放前后若干个重要事件，以时间推演的方式，再现广州解放的辉煌历史。 ➤课堂活动："羊城破晓时"红色电台	第七单元第23课内战爆发、第24课人民解放战争的胜利

本课程以贯穿中国近代史的十堂课，校内结合校外，通过知识课、活动课、移动课堂、总结课的课堂方式（如表4），采用红色卡牌、情景会话、主题团建、戏剧演绎等活动形式，生动展示广州近代波澜壮阔的革命历史（如图9）。

本课程广受学生喜爱的原因主要在于：第一，每一堂课以一个问题或危机事件为切入，再以互动的方式提出解决思路，展示共产党人在历史洪流中的智慧与担当；第二，紧密对接历史教材，拓展课内知识；第三，授课形式丰富多样，实现一课一活动，重视参与体验；第四，注重反馈，除了课堂评价外，学生将以自主展览策划的形式展示该学期学习成果，优秀作品还可获得在博物馆展示的机会。2024年1月"红色广州　英雄城市"系列进校园课程成果展在团一大纪念馆正式开幕，这

图9 广东革命历史博物馆"红色广州 英雄城市"系列进校园课程

是《中华人民共和国爱国主义教育法》实施后，广州首个通过馆校合作展现爱国主义教育成果的展览（如图10）。

3. 教学资源包进课堂

此外，教学资源包进课堂，也是能够较高效地实现博物馆内容落地的方式。但所谓的教学资源包进课堂，并不是设计好了资源包，送到学校了

图10 广东革命历史博物馆"红色广州 英雄城市"系列进校园课程成果展

事。我们以中共三大会址纪念馆的"红盒子"举例说明。

在中共三大召开100周年之际，中共三大会址纪念馆在"点燃理想之光"青少年教育项目基础上，开发中共三大主题实景课堂课程资源包——红盒子（如

图11）。此项目列入教育部"中央专项彩票公益金支持未成年人校外教育项目"。中共三大会址纪念馆作为广州首家推出实景课堂课程资源包的红色主题展馆，原创性提出"红盒子进百校"计划，将思政课程与社会大课堂连接起来，给各中小学带来一场"双师联动"的大思政课堂。

图11　中共三大主题实景课堂课程资源包——红盒子

"红盒子"课程资源包，内有教师手册一本、桌游六套、百年纪念版U盘一个。U盘中电子资料包含七段"红色电台"、两课时"双师交互式课堂"（含《国际歌》慕课）、两个"中共三大主题场景游戏"等内容。整体课程覆盖课前预习、课中授课、课后巩固三个环节。

中共三大主题实景课堂除了视频讲解以外，更大量采用交互方式，如场景演绎、动画演示、桌游探索、见字如面、话题讨论等形式，创建出既有纪念馆老师视频实景讲解，又能引导现场学校老师在关键节点进行各类活动与体验的创新模式。学校老师通过使用资源包，即可打通纪念馆与学校的时空界限，简单易行地实现在学校上纪念馆实景课（如图12）。

图12　中共三大会址纪念馆"红盒子进校园"

　　纪念馆还通过跟踪学校使用情况，开展满意度调研，了解课程落地效果与提升方向。此外，在纪念馆倡导下，学校还以"红盒子"内容为基础，开展班、队、团、校活动；在高职类、师范类学校，"红盒子"成为大学生开展志愿服务、实习活动的重要载体。

　　在馆校合作上，各文博单位应形成清晰的自我定位与目标。广州市第十六中学校长陈煦建议：博物馆需要清楚自身的定位，馆校融通的目的是什么？从这个角度出发来改进工作会比较有效。

　　博物馆有丰富的藏品，具有天然且独特的内容资源。因此，我们应当鼓励各文博单位立足实际，整合资源，优化活动设计，服务于学生成长需求，形成具有鲜明特色的研学活动品牌。

　　在研学旅行中，课程设计研发既是重点，也是难点。研学旅行不仅仅是走出校门，还要做到游、学兼备，并分学段、分年龄段设计目标，有针对性地开展。近年来，各参与方也在积极地、深入地投入课程设计上来，如校方积极参与、文博单位多途径的资源支持、学校各科老师对课程的跨学科教研、专业的研学机构对课程实施的缜密设计，还有旅行社积极提升原有春秋游、亲子游的品质等等，各方都在齐力把研学旅行从"粗放发展"推向"精耕细作"。

　　总体来讲，研学旅行是促进教育改革、乡村振兴、文化自信，以及产业升级、商业发展的有力抓手。因此，无论是政府的政策支持，还是各参与方的深度投入，都需要努力地推动行业向纵深发展。让我们共建与开拓一个稳健、繁荣、安全、有序的研学旅行市场。

附录："2022年广东省文博研学资源调研"设计及部分描述概况说明

调研主体	文博单位	学校	研学机构及旅行社
调研范围	以广东省博物馆协会下辖各博物馆、纪念馆、艺术馆、科技馆等单位。	大湾区广东地区地级市以上小学、中学（包含初中与高中）。	广东省具有代表性的研学机构与旅行社。
调研对象	各文博单位了解研学开展情况的负责人，如：宣教、社教、教育推广的主任、副主任或馆长、副馆长；于该单位任职满一年或以上；25-65岁。	各学校了解研学开展情况的负责人，如大队辅导员、教导主任、副校长等；于该单位任职满一年或以上；25-65岁。	企业具有开展研学活动的经验；调研人员为了解研学开展情况的负责人（如研学部门负责人、课程总监、销售总监等），工作年限为一年以上。
实际完成情况与样本代表性说明	定量完成有效问卷95份，占到有效总体名单（广东省博物馆协会名单中符合本次调研要求的样本总量为123家单位）的77%；定性共访谈了3家代表性单位。	完成113份问卷。定量样本学校覆盖大湾区各地市小学及中学。共回收881份问卷，根据配额及样本要求，最终选取113家学校单位样本，定性访谈了5家代表性学校。	定量实际完成30份问卷，达到最小统计样本分析量；定性共访谈了5家代表性机构。

1. 本次调研涉及"研学"及"文博研学"两个研究层次，以文博（博物馆）为主。
2. 本次调研主体为文博资源点，包括各类纪念馆、科技馆、体验馆、展览馆、遗址遗迹等，为方便答题及理解，问卷及报告中统一以"博物馆"为简称。
3. 针对所辖多馆，特定问题主要针对所辖范围内的最主要博物馆（馆方判断）进行研究。
4. 博物馆细分：大湾区博物馆（63家），非大湾区博物馆（32家）；一级+二级博物馆（30家），三级及其他博物馆（65家）；文物类博物馆（64家），行业及非国有博物馆（31家）。

研学方程式：论研学团队管理的机制

相信以下情境对于很多研学导师而言，都是挑战和考验：

结束一天活动后，步行返回酒店途中，在队伍末尾的导师再次清点人数时发现少了一位同学，事发突然，三位导师马上进行应急处理，考虑到已经接近酒店，两位导师按原路折返寻找，其余同学则由最后一名导师送返酒店。所幸，经过一番努力，最后还是找到了那位私自脱队买奶茶的女生。但是，事情就这么完结了？答案是否定的，接下来，一位导师单独与这位女生进行了面谈：首先询问女生失联时是否受惊、是否遇到危险，接着问清楚其离队的真实原因，后又和女生一起分析私自离队对自己和集体造成了哪些后果，最后商讨出以正式公开道歉的方式向全体同学致歉，并列举杜绝这种行为的一些具体措施。最终，女生诚恳地承认了自己的错误，并采取实际行动承担犯错的后果，也强化了团队的规则和安全边界。

其实，作为危机事件，只要善于引导、总结，在处理过程中，也可以变成了解团队情况、教育引导学生的好机会。研学中要允许有突发事件的存在，并从不良事件中帮助学生分析问题，寻求解决问题的办法。通过学生管理的具体方法，危机事件往往也可以转化为良好的教育契机，为学生发展自我创造机会，并对团队管理产生微妙的化学反应。

关于研学团队管理的机制，我们不妨先从为什么要进行学生管理开始谈起。

一、研学中必须强调学生管理的原因何在

其一，**由研学性质决定的**。所谓的研学旅行，是根据区域特色、学生年龄特点和各学科教学内容需要，组织学生通过集体旅行、集中食宿的方式走出校园，在与

平常不同的生活中拓展视野、丰富知识，加深与自然和文化的亲近感，增加对集体生活方式和社会公共道德的体验。

因此，研学不同于学分制、班建制的教育模式。不只是课堂授课，传递学科知识，而是采用导师制之下的全员教育。导师关注学生的整个教育过程，兼顾整体性和一贯性，自始至终和任何环节都不放松对学生的教育和指导。导师制最大特点是师生关系密切，导师不仅要指导学生的学习，还要指导学生的生活行为、德育取向，以更好地贯彻全员育人、全过程育人、全方位育人的现代教育理念。这主要通过学生管理来实现。

其二，**导师成长的三个阶段都离不开学生管理**。在关注生存阶段，导师更多关心的是"学生喜不喜欢我""其他老师如何看待我"等问题，这个阶段导师往往以处好关系为首要考虑。在关注情境阶段，导师关心的是如何教好每一堂课的内容，以及时间的控制和备课材料是否充分等与教学情境有关的问题，如"内容是否充分得当""如何呈现教学信息""如何掌握教学时间"等。如果导师顺利地适应了前两个阶段，下一目标便是关注学生。导师将考虑学生的个别差异，认识到不同发展水平的学生有着不同的需求，根据学生的差异，采用适当的教学方式促进学生发展。"能否自觉关注学生"是衡量一个导师是否成熟的重要标志之一。

其三，**与青少年身心发展的特点有关**。青少年进入一定年龄，思维的独立性和批判性有所发展，但带有片面性和主观性，个别还会出现闭锁性，不太愿意显露自己的内心世界。尤其是初中生已经开始产生成人感，乃至在强烈的独立意识之下，对一切都不愿顺从，不愿听从父母、老师及其他成人的意见。面对这样的矛盾，科学到位的学生管理则显得尤为重要。

那么学生管理又该从何入手？

二、建立良好关系是研学中团队管理的热身准备

再优质的研学课程，如果在执行时忽略了营造积极正向的研学团队内环境，那么研学效果很可能会大打折扣。研学团队内环境是支持学生正向行为的关键，学生的正向行为能使他们在研学中相互促进，创造收获。

支持学生的正向行为是学生管理最重要的功能之一，为此从研学一开始就需要

鼓励和支持学生的恰当行为，营造强烈的团队意识和相互尊重的氛围。首先是和学生建立良好的关系，欢迎和接纳每位学生。团队形成之初，导师表现出对学生的接纳和喜爱尤为重要，以下方法可以提供一些参照：

（1）和他们打招呼，知道他们的名字，并能准确地说出来；

（2）保持微笑，并有眼神的交流；

（3）真正地倾听他们的想法，并有回应，哪怕只是点头微笑；

（4）与他们随意交流，了解他们的家庭成员及相关情况；

（5）帮助他们，也让他们相互帮助，以及帮助导师，尤其是具体的小事；

（6）记住他们的爱好及关注点，并分享你对此的认识；

（7）设置一些小惊喜，行动性强，可视化。

初步与学生建立关系时，也要考虑多样化的问题，需要花一点时间观察和了解学生的文化背景和行为习惯。例如在与导师的关系上，不同学生有着不同的预期，或者是亲密友好、不拘小节，或者是严谨正式、保持距离；在对谈话内容和方式的习惯上，关于私人信息的分享以及礼貌的尺度也需要从学生的反应中及时察觉。尤其是有一部分习惯于屏蔽自我或存在某方面困难的学生，导师更需要主动与他们建立友好关系，做好被拒绝的准备，但坚持下去，抓住关键契机，可能事情将会发生奇妙的变化。

因此在团队形成之初，一些热身活动或暖场游戏是很有必要的，活动设置的目的是通过观察学生的表现获得必要的信息。"记名字""信息接力""我问你答""你说我猜""YES OR NO"等，都是既有趣又有高参与度的游戏。参与到游戏中，可以帮助导师快速地对团队中学生管理形成基本判断。

三、设置通用规则能为团队管理提供依据

在美国学者凯·M.普赖斯与卡娜·L.纳尔逊合著的《有效教学设计——帮助每个学生都获得成功》一书中，提及课堂上为支持学生的适当行为需要采用前瞻性的通用行为干预，如设立通用规则，此举也同样适用于研学。设置通用规则不仅可以让学生了解导师对他们的预期，更是研学团队内环境营造的基本依据，其中有两种规则是学生管理基本设计的组成部分：

其一是基础规则。基础规则是指基本的行为规范，可以运用在不同的场合和情境中，如"守秩序""有礼貌""尊重他人""集中注意力""注意安全"等等，这些基础规则很重要，但规则本身不能向学生具体表明他们应该（或不应该）做什么，还需要更具体明确地指明。

其二是具体规则，能清楚说明学生应该如何做。例如在进行博物馆参观时，要求"三官正"：眼睛正，在讲解时看讲解员和展品，前进时看伙伴；嘴巴正，等听完讲解后再提问，用彼此能听到的音量说出；双手正，在展柜前与玻璃保持距离，在发言前举起。具体规则描述的是学生该做什么，不该做什么，具体明确学生应该如何表现，用正面的方式进行引导，用可视化的行为表现使规则简洁、可观察、可测量。

我们不妨做个简单的对比，如表1：

表1   基础规则与具体规则的对比

基础规则	具体规则
注意安全	一个跟着一个走在行人区内
守规则	排成一列，轮流领取，再回到自己座位
尊重他人	得到允许才进行拍照
有责任心	每次带上研学手册和笔
有教养	使用完物件归位，任何场合离开时就像没有来过

需要强调的是，建立规则时需要一些原则，即所有规则都是学生能共同遵守的；尽量简洁，以便每一个人都能记住；规则要进行公布；经常提及这些规则；让学生明白规则的含义及设立的理由；对学生的遵守表示肯定和赞扬；不断强化这些规则。

建立规则不是为了遵守规则本身，而是为了一个具有安全感、包容性、可预知、有秩序、有温度的研学大环境的生成。在这样的大环境中，才能够有效地开展研学，并为学生营造可以发展的空间。因此，制定研学团队纪律规则是必须的，具体细致到时间、作息、纪律等各方面。

四、设置额外干预，应对团队管理中的多样性

就营造积极的教学和学习环境，以及引导大部分学生的行为而言，通用规则的设施也许已经足够。但是个别学生在研学过程中难免会出现困难，例如安全防范、自我控制、集中注意力、与他人相处、处理挫折、应对变化、坚持完成等方面，那么导师就有必要对原有的管理状况做出评估：首先需要审视是否已经充分告知及运用了通用规则，并一视同仁，毕竟调整策略要比改变策略更简易；其次是重点观察并收集来自伙伴的信息，确认行为出现的频率及既往情况，了解学生行为产生的原因及造成的后果。

在上文提及的《有效教学设计——帮助每个学生都获得成功》一书中，作者认为课堂上，为满足特殊学生的需要，应合理运用额外干预。经过判断后，如果设置额外干预可以使整个团队获益，那么，设法把额外干预融入研学过程中便变得尤为重要。额外干预可以包括事前干预、替代干预、结果干预。[1] 其实最常被导师使用的是结果干预，特别是惩罚，但现实中还是尽量避免这种方式，应在积极鼓励上下功夫。

（一）事前干预的具体做法

调整研学内容：由于学生的行为不当有可能是对不合适课程内容的外在表现，因此事前干预可以考虑调整研学内容，使其难度、与学生的相关性、趣味性等更符合学生的个体需求。例如：为学生个体设置挑战或降低难度，使所有学生都有机会获得成功；又或者把复杂的学习任务拆分成一些小任务，让他们可以分步骤完成，更好地体验到成就感。

提供选择：允许学生自己选择完成任务的方式、时限、内容载体、顺序、合作对象等，使学生获得被尊重感的同时，也能通过机会选择，更好地纠正或优化自己的行为。例如五个任务中让学生选择三个来完成，或提出"你是让我来帮你，还是让他（她）来帮助你？"让学生意识到虽然最终的选择依然是需要完成任务，但过程可以更有弹性。

影响学生行为的变量很多，所以导师有必要进行仔细评估，再通过导师团队内的头脑风暴，分析重点学员的特点，配置相应导师负责跟进，这是前期干预中特别有效的方式。

（二）替代干预的具体做法

学生的不恰当行为往往不是出于恶意，而是面对问题或困难时不懂得如何处理而导致的，简而言之，就是从来没有人教过，也没办法无师自通。那么，导师就可以教他们采用替代性行为，以替代之前的不恰当行为。例如教学生口头解决的技能替代打架的行为；教学生幽默应对的方式替代相互的针对；教学生具体分工的技巧替代小组的内耗和指责；教学生制定明确的个人奖罚替代由他人来督促制约……

但替代干预的教育需要寻找教育契机来完成，而不是强行灌输。而教育的契机可以是同学间发生冲突后、团队取得重大成功（或挫折）发生后、任务即将迎来关键时刻、某些具有纪念意义的日子等等。具体的方式可以是导师言简意赅的真诚演说，有教育目标的游戏，实用小课堂，场外援助专家连线，等等。

（三）结果干预的具体做法

当某一具体行为已经发生，并带来一定后果时，导师需要慎重地运用结果干预，毕竟惩罚往往会被过度使用，将学生排除在研学之外的消极干预是风险极大的。导师需要确保处理是公平的，并已经事先有告知解释过，不能因为一时的烦躁，而运用惩罚的手段，这不仅无法给学生树立自我控制的良好榜样，还有可能产生失去沟通机会的消极结果。因此惩罚的方式也适宜相对柔性，例如使学生失去一些特权、分数，减少参与喜欢活动的时间、延迟获得自由的时间等。

相对于运用消极干预，以积极的干预相配合才是更有效的。例如当学生已经开始表现努力进行自我控制，并出现转化表现时，导师应该及时地、明确地给予肯定，并有持续的鼓励，除了口头表扬外，还可以通过奖励学生所喜爱的活动、特权或实物等。

此外，书面行为在很多时候会有意想不到的效果，例如采用书面的行为约定，详细阐明学生与导师达成的协议，包括统一的目标（如投入学习中），并对某些行为（如不打断别人说话、听完讲解做笔记、小组合作时领取至少一个任务）加以详细描述，最后写出履行这个约定的结果干预（如额外增加使用手机的时间等）。很重要的是，约定是清晰的、公平的、双方签名的，会更易于执行，而且手写的合约效果更佳。另外帮助学生写出自我管理计划，通过发送私聊、手写短信、递小纸条等向学生表达导师对其行为的看法和建议，也能起到正向促进的效果。

因此，三种干预类型是综合运用的，导师需要始终采取积极的方式去引导学生的正向行为，而额外干预强调的也是通过教导而非惩罚的方式来改善学生的行为。导师的职责是帮助学生学会自我控制和自我管理，得到自我发展的机会，而非控制学生的行为。这也正是研学中学生管理的基本信念和需要始终坚守的原则。

五、过程管理中的其他实践经验

通过接纳学生并建立恰当的关系，创建出研学团队积极和谐的内环境，以及实施通用规则和额外干预，导师已经为研学团队的管理建立了坚实的基础。一旦这个基础得以建立，就可以更好地细化过程管理中的若干关键点。

1．吸引学生的注意力

在任何时候，学生注意力的集中都是学习的前提，无论是在活动开始前，还是不同阶段中，重新引起学生的注意，让学生做出即时反应都是非常重要的。

导师可以通过不同类型的信号吸引学生的注意力，包括言语的、视觉的、声音的。言语信号如"请注意""抬起头""往左走"等；视觉信号如高举双手代表通过，手指按唇边表示安静等；声音信号包括一段固定的音乐、摇铃声等。如果信号具备可交互、可传播的特点，则效果更佳，例如导师说出一个口号"1，2，注意看"，然后学生回应"1，2，看到了"。当然选择什么样的信号取决于所处的情境以及学生的特点。一旦决定了采用的特定信号，也需要考虑学生要怎样回应这个信号，并形成常规。例如是击掌回应，还是停止说话，全部面向导师，等等。

此外，吸引学生注意力还需要考虑的问题，包括：发出信号时候，需要站在恰当的位置，保证能看到所有学生的脸和动作；发出信号后，保持沉默，尽量不要重复和反复警告，让学生明白要为自己负责；鼓励学生通过低声提示或小动作相互提醒以帮助注意集中；当无法吸引学生注意时，急于开始下一环节是不恰当的，要坚持等所有人都准备好；一旦成功吸引了学生的注意，就需要快速开展下一个内容；如果学生能快速集中注意，也要记得及时肯定。归纳而言，就是发出信号、等待执行、予以答谢、迅速开展。

2．肯定正向的行为

导师需要关注学生的正向行为，并让学生知道导师已经注意到他们的良好表现。在很多时候，人们更倾向于去关注和回应某些不良的行为，而把正向的行为期待设定为本该如此，理所应当做到的，殊不知，肯定正向行为可能更需要导师付出额外的注意和积极的表达。但这是绝对值得的，因为这个关键的管理技巧一定是会对学生的行为产生积极影响的。

导师需要花费更多的时间留意良性行为，以便让学生更好地了解导师对他们的期待。当良性行为受到肯定时，学生也无意中学会了注意并欣赏自己行为的技能，并形成团队中的相互效仿。例如离开座位时自觉地收拾，用餐时帮忙分发餐具等。在良好的表现被强调，以及每个人都能受到鼓励时，学生可以学得更好，也更愉快。反之，持续的否定甚至批评，会让大家都处在压抑中。

当然，肯定正向行为需要非常强大的管理技巧，以下几个原则可供参考，即经常性、具体客观、真诚的肯定。

（1）**经常性**虽然很难有量化的标准，但不妨在不良行为和正向行为的提及数量上建立一个比例，例如1∶3或1∶4，当然这只是对导师的一个强化提醒，而非绝对的比例。

（2）**具体客观**是指导师能详细地描述被注意到的良性行为，或者我们可以先看看以下的例子（如表2）。

表2　同一种行为下三种肯定方式的比较

肯定方式	具体表达举例
描述并赞扬	第二组的同学，你们每一位都能在完成实验后做好数据记录，并清理好所有的实验仪器。做得好！
描述并贴标签	第二组的同学在完成实验后做好数据记录，并清理好所有的实验仪器。这是进行实验操作的优秀示范。
描述并激发自我肯定	第二组的同学，你们不仅完成了实验，还做好了数据记录，最后更把所有的实验仪器都清理好，相信你们一定感受到正确操作实验的快乐。

在以上的例子中，无论哪一种表达，学生都能具体知道他到底是哪里做得好，虽然表达不同，但是学生在受到具体的肯定时是受到鼓舞的。肯定他们所做的事，而不是评价他们是什么样的人，这样做也是为了让学生通过具体的示例，挖掘到更多自我发展的潜能。

（3）**真诚的肯定，**是指使用鼓励和欣赏性的话语或手势，使学生能真切感受到被认可。

首先，需要避免反复使用同样的赞美词，例如许多学生已经对"太棒了"产生免疫；具体的描述要比泛泛而谈更有说服力，例如"你展示的作品能结合过程中的观察和理解，还提出了有价值的问题，真的很期待你可以找出这些问题的答案"，这比"太棒了"显然要更有力量。

切忌使用浮夸甚至虚假的话语，哪怕是出于善意，也很容易被学生察觉，从而失去他们的信任。例如当学生在绘图时做得不好，千万别说"你真是了不起的绘图师"，而可以说"你尽力地把图表制作得栏目清晰，对于初学者而言，这是很好的开始"。

对于明显没有尽力的小组或个人，即使完成得很好，也不建议大力赞扬，因为需要促进的是团队的积极氛围，帮助个人的发展，而不是制造不需要努力就可以获得肯定的错觉，对于基础好但态度欠佳的小组或个人，冷处理也许更为恰当。

3. 做好小组合作的设计

如何让学生与他人一起学习和活动是研学中的重要一课，毕竟研学强调合作，不只是为培养学生的社交能力和团队精神，也是在限定时间内顺利完成相关活动的客观需求，而且导师不可能随时在场，发挥学生的团队管理能力和相互帮助的精神相当重要。因此，精心设计学生与伙伴合作的机会，对于激发学习动机、发展社交技能、增强包容度、发展领导力等都有很好的效果。

对于小组合作的设计，首先是人数的确定，人数越多意味着越需要合作性的社交技巧，也很难保证同等水平的参与，通常3—6人是比较合适的人数。其次是分组的依据，可以是随机的，但更可以使用其他的分组方法，例如保证混龄和男女搭配，按照任务本身逻辑划分，如不同的任务步骤由不同组负责，并最后汇总为完整版本。而小组内的成员构成也要考虑同组学员的差异化，保证同组成员具有兼容性，如男女比例、混龄等。

合作步骤的设置也是很重要，确保在指令清晰的前提下，准确告知学生任务。

肯定那些能遵守指令，并具备重要合作技巧的行动。例如肯定组长能对组内活动进行有效组织的做法，肯定组内成员能达成共识，开展分工等。

监督学生的行为，确保巡视到每个组，并进行鼓励，甚至入组指导，坐的位置也要确保可以同时观察到其他组的情况。

计划后援支持，例如指定小组的不同成员分别进行收、发、整理、归还等，避免混乱无序。

但在活动衔接过程中，是很容易出现混乱的，避免混乱的设计包括但不限于：放指示牌表明各组所坐的位置；用示意图或地图说明小组活动的位置；直接告诉学生可行的解决方法；如果大家都不愿意第一个做展示，那就让剪刀石头布来解决；等等。

此外，如何发挥组长管理职能是值得探讨的问题。

需要根据学生情况选拔组长。导师可以通过研学行前课或暖场活动的观察指定相应的学生作为组长，也可以通过让学生自己报名的方式进行选拔。组长的人选一般需要具有如下特征：参与积极性高、责任心强、乐观开朗，但不能过度活跃。导师要第一时间记住组长的姓名，并对组长进行鼓励，表达对组长的信任。

明确组长的职能。导师需要出发前公开明确清楚组长的职责，包括集队、清点人数、发放物料、维持纪律、组内任务分配等，并明确每项任务的具体操作方法。例如：集队要求组长率先在指定位置站好，组牌举好，便于同组同学辨认；迅速清点人数，找寻尚未到场的组员。对于未能很好履行组长职能的同学，必要时进行人员的调整。

根据组长的表现进行及时的表扬和评奖。对于每项要求组长完成的工作，老师都要及时进行表扬和鼓励。例如在集合时及时表扬速度快、人数齐的组和组长；在活动总结中及时肯定组长的工作并表示认同和感谢，给予其充分的成就感；在研学结束时可以设立相应的奖项表彰工作表现突出的组长等。

综上，把学生管理设计与课程设计放在同等重要的位置，实在应该得到必要的重视。如果说课程是研学中的珍宝，那么管理就是能使珍宝汇聚一堂的容器。赫尔巴特说："如果不坚强而温和地抓住管理的缰绳，任何功课的教育都是不可能的。"教育的意义在于，对每个学生成长切实的关心，对他们精神生活的尊重和美好情感的肯定。每个学生都是一把锁，我们应该多去寻找钥匙在哪里。

- 注释 -

[1] ［美］凯·M. 普赖斯，卡娜·L. 纳尔逊，李文岩译.［M］有效教学设计：帮助每个学生都获得成功（第四版），北京：中国人民大学出版社，2016，124-126.

为研学注入活力：谈研学导师的成长

研学导师的工作场景可以是这样的：学生在导师的带领下进入课堂，可能是河边、山林、田野，在自由切换的课堂里，一起观察昆虫、植物和动物的生态环境，进行生态考察，引导学生们亲自动手，收集标本、观察现象。在这个过程中，导师用生动的语言和细腻的描写，让学生们感受大自然的美妙和神奇。由于授课和活动的需要，导师还会不时运用到各种野外科考工具、图鉴等，让学生进行学习和实践。

还可以是这样的：在博物馆、科技馆，或者历史遗址，导师用丰富的知识和生动的讲解，让学生了解历史文化、科学技术等方面的知识。导师不仅引导学生们仔细观察展品，还会使用到地图文献等资料进行拓展，并组织搜集线索、寻宝闯关、艺术体验等各种活动，以此引导学生思考，以及进行相关的问题探讨。

可以说，研学项目从策划到实施，都离不开研学导师的深度参与。研学导师不只是知识的讲授者，更是整个研学项目的核心人物，肩负着多重角色：制定、统筹、实施游学计划的责任人；有序推进研学及所有参与人员安全守纪的保障人；研学过程中发生矛盾冲突时的协调人；行前准备、行中进展、行后总结等相关工作周全安排落实的执行人。

那么如何才能成为一名充满活力的研学导师，并在实践中成长起来？以下将展开说明：

一、从有效备课开始

首先，研学导师需要了解研学项目的背景和目标。在备课之前，应该研读相关的文献和资料，了解项目所涉及的领域知识和技能要求。通过对研学项目的深入了解，研学导师可以更好地指导学生，使他们在研学活动中有针对性地学习和探索。

由于研学没有教科书，因此课程材料的有效阅读尤为重要。课程材料通常包括课程设计、教师手册、备课材料、研学手册等，涉及文本资料、书籍、文献、视频、纪录片等类型。各类阅读材料的作用各不相同：课程设计是整个研学的纲领，教师手册为研学现场的操作指引，备课材料帮助导师全面学习掌握相应的课程信息，研学手册需要导师指导学生完成。

关于有效阅读，有如下的建议：

（1）**阅读课程材料是进入导师角色的第一步**，是决定教学效果优劣的关键，也是体现导师专业度的重要保障。切忌将消遣性质阅读习惯应用到专业信息获取上。

（2）**尽可能把所有的材料全部浏览完**，对于重点阅读材料，不可能一遍就发掘出所有的信息，多看几遍会有更多的收获。

（3）**阅读过程中有意识地做好标记**，尤其是重点内容，如关键人名、地点、时间、名词术语、精彩表述等。阅读完毕，要初步梳理材料中的内容及结构，分清主次。

（4）**研学手册绝对不能忽略**，建议在完成阅读备课材料后，自己先尝试做一遍，再对照参考答案，会更有利于现场指导学生。

（5）**重视阅读效率**，材料的阅读量会比较大，需要时间消化理解，规划好备课时间，可以免于陷入被动。

（6）**遇到自己不熟悉的领域考虑借力**，如请教专业人士、网上搜索学习等会事半功倍。如条件允许，一定要进行必要的演练，尤其是理科实验。

需要补充的是，备课过程中，除了熟悉课程内容外，研学导师还需要根据对学生的预估情况，选择合适的教学方法，如讲解、示范、讨论、游戏等，并考虑不同方法的交错使用和使用的频率。同时，研学导师还可以运用引导式教学、合作学习等教学技巧，激发学生的思考和探索能力，促进自主学习和合作学习。

当完成基本的备课准备后，应以每一个研学点为单位形成个人化的教案备忘。备忘中建议包括教学环节、关键要点、问题设计、所用时长、备注事项、备课资料所在位置、过渡串词、教学后记等，完成后熟悉演练。

二、开展研学现场的组织安排

根据研学的主题和目标，导师需要事先预设好活动内容和流程，不过在现场的执行中，为确保参与者能够充分参与到活动中，获得实际的学习经验，合理的组织安排也是很重要的。

第一，**熟悉研学现场很重要**。对现场的把握是执行的先决条件，因此在基本备课完成后，进行现场踩点很有必要。但如果受到条件所限，无法事先踩点，至少也需要在出发之前，搜索网上的资料、视频、地图等，对现场形成一定的概念。

即使已经很熟悉研学点，到达任何一个研学点时，也应该首先大致浏览现场，观察建筑、植被、事物等分布情况，快速把现场与原有课程设计对接上。如果发现部分设置或条件发生了改变，则需要马上对课程内容安排作出调整。

为了在实地执行时更有把握，养成路演的习惯很重要，包括提前一天检查好研学中所需要的所有物料，并分类收拾好，按使用顺序逐一确认后，把所有流程，依照现场位置，在脑海里演示一遍，做到胸有成竹。

第二，**选择好授课地点**。到达准备研学的地点后，导师必须首先寻找合适的授课点，并亲自确认现场。如不能分身，可让其他导师或导游先行寻找，后选择确认最佳位置。授课地点要保证能同时容纳所有学生，使学生能在集中的区域内面向导师，且在导师的视线范围内。

一个合适的授课地点首先是安全，且尽量选择相对舒适，如能遮阳、能挡风、可以入座的地方，避免学生过长时间的站立、暴晒、受冻（课程中有特殊需求除外），影响授课效果。如在公共场所或私人场所授课，要提早确认场所是否允许使用，尤其是个别需要审批的特殊场所。

授课地点还需要根据空间大小和特点进行布置，任何场地都要有大致的功能分区，如导师授课位置、小组分开不同位置、物料摆放处、过道等；划分好功能区后，再安排授课队形，如竖排、围坐。

授课现场的礼仪也不可忽略，例如当负责人在场时，哪怕已经提前报备过，也需礼貌地知会对方需要使用的场所及大致使用时长；授课过程中提醒同学不能阻挡通道，不影响其他在场人员。这些都可以看作研学中无声的教育。

图1   不同的授课地点，包括公共场所、革命遗址、民宿、会议室

第三，进入授课地点后，需要关注的是**研学现场的解说**。导师在备课时应提前准备相关的简介，并提前给学生预习，除了能引发兴趣外，也能使学生聆听专业讲解时更好地巩固和提出问题。对于现场的专业讲解，尤其是博物馆和纪念馆中的讲解，导师也有必要全程认真聆听，通过消化其中内容，结合备课资料，帮助学生进行回顾梳理，能有事半功倍的效果。

以上三点，都是以计划能顺利执行为前提。但是研学现场还是会不时出现计划之外的状况，例如车程受阻、时间延误、时间紧迫、现场预约讲解无法进行、天气变化、场地变更等等，这就要求导师必须具有预案意识。例如，可以预备一些适合于各种场景的集体小活动，在碎片时间，或等候时间较长时用于调节气氛，让学生保持良好的精神状态，增进研学的趣味；又如，准备的讲解内容和活动在原计划的基础上，稍微预留多一点，以便导师能进行及时的应对和填充。

第四，**遇到紧急情况马上应急处理**。保持冷静永远是最重要的，任何情况下，能快速找到所有人的联系方式，包括工作人员、家长、学生的联系方式，是确保能第一时间针对性解决问题的关键。

导师快速统筹处理后，马上分头行事，既要保证有人指挥安顿同学，也要有人负责联系对接解决，同时尽量正常开展活动。即使遇到困难，也要鼓励全体同学积极面对，寻求解决方法，停止抱怨，立刻行动。如果学生出现矛盾甚至冲突时，应予以立刻制止，由个别导师单独处理，稳定双方情绪，抓住主要矛盾解决，避免破坏蔓延。因此，预案绝对不是简单的应对文件，而是真正能实施的具体方法；而预案以外的情况也需要见招拆招，不变的宗旨是以集体的利益为上，兼顾个性化处理。

研学现场的组织安排对于研学导师而言，既是基本功，也需要通过不断地总结经验，修炼提升，毕竟，各种因素始终发生着变化，这也意味着每一次的现场执行都是全新的。

三、建立研学导师的专业形象

研学中学生接收到的信息来自不同方面，其中在学生与导师进行交流互动的过程中，学生接收的信息除了来自听到的信息，还包括导师的语调、姿态、肢体语言、面部表情以及行为举止等等，他们也会根据导师对待学生的言行来推断导师对自己及团队的态度，而这些判断将会直接影响到学生的意志：是敢于探索还是规避风险，是勇于展示见解还是保持沉默，是坚持到底还是浅尝辄止。研学导师作为研学课程执行的主导，对学生的影响至关重要。因此，导师树立专业的形象是其中关键。唯有向学生传递正向能量，支持学生积极投入，发挥潜能，并使正向的能量覆盖整个团队，才能保证研学效果的最大化。

其一，**导师的热情能带动学生积极向上**。当学生认识到导师是积极向上的，充满热情的，那么他们的热情也更容易被点燃。提升热情的方式有很多，最基本的是微笑，微笑的人通常会给人留下具有亲和力、友善且社交能力强的印象。真诚的微笑也会向学生传递被关注、被尊重、被欣赏的信息。

另外，用自信的语气跟学生说话，避免迟疑或不确定，使用富于变化的语音、语调和面部表情，与学生有眼神的交流，走动兼顾全场，以自然的肢体语言强调重点，这都能感染学生进入学习中。

如果能善用幽默则更佳，幽默地分享故事，或是把幽默与学习内容结合起来，从来都是极受欢迎的。毕竟学生喜欢常规带来的安全感，但幽默更会激发趣味和冒险。

需要警惕的是，如果导师长期负责一个课程，虽然已经非常熟悉，但如果只是机械地进行讲解和开展活动，导师也很容易会在学生中失去威信。毕竟，如果教育者本身都对教育内容没有激情和热情，学生又怎么会提起兴趣呢？导师的激情除了外显的交流外，还包括在研学过程中与学生的积极互动、教学方法的创新多变以及不断的灵感输出。

其二，**导师以身作则才能赢得学生的信任**。学生对导师的信誉评价和信任，将直接影响到研学的有效成果。导师可以通过多种途径增强学生对自己的信任。例如，用自身过硬的专业知识能力让学生折服，站在学生的角度彰显公平性，坚守原则处理团队事务，保持热情共同参与活动，等等。

导师的以身作则是**从规则制定与实施开始的**。研学规则制定包括了时间、作息、纪律等方面，在研学期间，导师既要谨慎遵守各类规则，又不至于因为太严厉的规定而扼杀研学本身的乐趣，导师需要在两者之间取得平衡：正确引导工作人员及学生的行为，有不对的地方及时指出，绝不拖延，语言平和，有理有据，能让人容易接受，但坚持大原则绝不迁就。

导师以身作则是**以良好的个人习惯为基础的**，这也是专业导师形象的根本保障。时刻注重守时（比计划时间点提前15分钟以上）、个人形象、语言习惯、与工作人员沟通态度、积极融入当地文化、无偏见对待他人，时常以优秀导师标准提醒自己。

此外，还需要**关注细节**。例如，配合授课或跟随讲解环节，积极关注参与者态度，适时提醒脱队者，引导反感参与者；根据课堂效果适当提醒讲师调整节奏；不可仅作为旁观者，更不可私自聊天、长时间电话微信或处理其他无关非紧急事务。不可否认，细节决定成败，更何况，这本来就是以身作则的一部分。

其三，**明晰指令相当重要**。导师在研学过程中需要发出大量的指导语：告诉学生如何完成研学任务、探究项目怎样开展、游戏规则是怎样的等等；又或者如何完成具体事宜，活动的步骤是什么。而导师发出指令的方式将影响其清晰程度，因此需要尽可能使指令清晰。以下是几点具体建议：

（1）**语言简洁明了。**例如，不要使用不必要的词，确保使用学生能理解的词。

（2）**指令尽可能简短。**避免使用冗长的、学生听不懂的解释。

（3）**尽可能同时给出口头和书面指令，**如有图片配合则更佳，并演示学生将要做的事情。

（4）**使用表示强调的词语，**例如"以下要注意……"或"这点很重要……"，在书面指令中也用不同颜色或字体突出它们。

（5）**用数字来强调指令的顺序。**如1、2、3、4……每点之间稍作停顿。

（6）**在给出指令后，**通过提问来检查学生的理解情况。不要只是问："大家都明白了吗？"而是问："大家接下来要做的第一件事是什么？"

清晰的指令确实很重要，当学生能够理解导师的指令时，就能避免把时间浪费在弄明白接下来要做的事情上。因此，认真设计指令语，将有助于确保研学开展得清晰有效。

四、教育教学能力需要充分展示

在专业能力中，授课能力是建立教师形象与权威性最直接的关键点。所以，需要做好充分的备课准备与演练，并且与相关工作人员（如导游、讲解员等）提前沟通预留出时段。授课以达到优质教学效果为目标，并根据时间场地灵活调整内容。为了让授课更加出彩，也需要运用一些具体的方法：

导入是教学的第一个环节，其目的是激起学生的兴趣和情感，启发和引导学生的思维，让学生迅速进入课堂教学。常见的导入方法包括：设疑导入法、关联导入法、温故知新法、故事导入法、新闻视频资料导入法、任务设定导入法等等。

例如，在开展汕头研学时，为了讲述汕头历史，可采用设疑导入法："我们说'汕'字组成有什么特点？"……"对的，有山有水。山是韩山，而水呢，是韩江，韩江是汕头的母亲河，自北向南流淌，在潮水作用下，泥沙沉积形成了沙堤平原，这种沙堤就叫做'汕'，开端处就是'汕头'。"在这段导入中，导师从字体结构入手，以小见大，既简明扼要地概括了汕头的基本地理特征，也为汕头的开埠历史作出背景说明。

导入的方法因学生而异，好的导入能使导师充满自信，也能使学生的期待值拉满。因此，在设计导入时需要坚持五个原则，即针对性、启发性、新颖性、趣味性、简洁性，依照"集中注意—引起兴趣—激发思维—明确目的—进入课题"的程序进行构想。

授课的展开是教学中比重最大的，无论是新手导师还是经验丰富的资深导师，都需要抓住几个原则：

①真诚和认真是一切授课技巧的基石，认真准备授课中的讲话，让学生能感到你很重视与关心他们的需要。

②授课时，采用灵活多变的叙事方式，如讲故事、摆事实、举事例等。总之，只要有助于学生记住你的讲话内容，任何能够增加你讲话趣味性的方式都是可以利用的。

③向学生说明听你的讲话所能得到的收益。不是所有学生都能意识到你的授课能够给他们带来的收益，这个时候就需要你直接告诉他们。

④让学生参与演讲过程，实现教师与学生的互动，如向学生提问，促使其对问题进行思考并做出回答。

有效的课程总结，能大大提升整体授课的效果与质量。一方面能够巩固与强调课程目标与主题，另一方面能将课程的效果升华至情感与价值观层面，同时为下一步的课程推进提供助力。常有的方法包括：归纳式总结、比较式总结、问答式总结、拓展延伸式总结等等。

例如在完成了港珠澳大桥的研学后，导师总结道："大家刚刚都感受到了港珠澳大桥的宏伟气势，那么大家觉得港珠澳大桥之所以能建成的关键原因是什么？（桥梁知识、不断克服困难、团结、信心、恒心），大家刚刚说了一个非常重要的因素：桥梁知识。'知识就是力量'这句话看似是老生常谈，但是我们都承认，困难面前能想到办法解决的，靠的往往也是知识。知识是我们能够完成一件伟大工程或事业的前提和基础，如果没有足够的知识，就谈不上其他。而这些知识渊博的工程师、高级知识分子，其实曾经也都和你们一样，只是一个学生或者一个普通的人，但知识改变了他们的身份，因为有了知识，他们能够做更重要的事，能够帮助他人，帮助国家，甚至帮助这个世界……"这段总结语是对爱国主题的拓展延伸，没有采用宏大的口号和惯用的煽情，而是从大国工程的建造折射出知识改变命运，求学创造价值的事实，是更加真切的励志教育。

除了授课能力以外，**活动的实施是每一位导师的必修课**，也是导师专业素养的直接体现，对研学质量高低起到决定性的作用。

活动过程中，导师要非常清晰"我将要做什么，学生将要做什么，以及我和学生之间将会交流什么"。如果学生将会看到或听到什么，包括博物馆展品、视频片段、人物、画作、动植物、建筑物等，则导师需要考虑如何作解释或者提出问题进行引导；这些问题或解释如果是临时提出，则可能会很困难，建议还是提前考虑需要引导的重点所在，并进行问题预设。如果能在学生准备聆听讲解或参观前，提出一些关键问题，告诉他们重点要看什么听什么，就能很好地帮助他们集中注意力。

如果学生需要进行游戏、实验或其他操作性行动时，导师则需要进行程序或规则的说明，或者进行示范或演示；注意必须是分步骤、程序化的指令，同时加入关于时间节点和地点等信息。例如各组的活动范围怎么安排，第一步是什么，在哪里可以拿到材料或设备，集合时间地点，如果遇到困难可以找谁，离队了怎么办等。当然，把步骤做成check list（核对清单），学生可以逐一确认则更佳。

如果学生需要进行创作活动，如绘画、非遗体验、设计、搭建等，导师除了设置好指令，强调重点步骤外，最好可以把成果进行展示并稍作说明。其中，不能忽略的是使用材料和工具的注意事宜，确保安全第一，以及对成果完成程度的要求，如是要求复制，还是需要展示创造性和多样性等。

当解释说明了指令、程序、规则后，务必再次确认学生是否已经理解清楚，但仅仅说"大家都理解了吗？""还有什么问题？"有时候并不能收到满意的答复，可能提出具体的问题"大家都找到搭档了吗？""使用刻刀面朝自己的是哪一面？"等，让学生通过口头或手势回应，则更有保障。

此外，当学生面临挑战的时候，导师采取积极的鼓励策略，也是很有必要的。尤其是研学中，学生所面临的挑战会更多样，在试错和探索的过程中，导师的推动和帮助是使其前进和突破的关键力量之一。以下的几种情境是经常会遇到的，如表1：

表1 有关研学导师积极鼓励策略的示例

学生面临的挑战	导师提供的帮助
不明白学习任务	给出样例，把学习任务具体化 直接询问学生，了解其所面临的问题和障碍
对具体学习任务感到焦虑	给出样例和评价准则 把任务分成若干个小部分，指引按步骤完成
迟迟不能开始	选择太多无从下手时，直接提出建议 采用抽签或猜拳的方式决定
特别具有强烈自我意识	保证讨论在小范围内，不干扰别人 给予一定的自主权，让他们展现自己的能力
不愿接受新方法进行新尝试	对新旧方法进行对比 对学生使用的方法提出建议，既符合他们的习惯，又有新尝试的加入
对研学任务有怨言或感到厌烦	私下询问他们对学习任务的看法 适当对学习任务个别处理，进行升级或降维

在此过程中，研学导师的温度和活力也会通过对学生个人成长的关注和引导得以充分发挥。不妨尝试从以下几个方面入手。

（1）除了总体性的课程行程统筹外，可力所能及地兼顾团队内个体情况，关注点包括但不限于纪律、团队配合、学习单完成、任务完成、个人修为等方面。向关注对象客观地提出批评和表扬，尤其是在每天出发时，或者晚课总结时，公开地点名批评或表扬，说出具体的人物和情境往往最能打动当事人。

（2）针对个别同学存在的一些特殊情况（如情绪问题、过激行为、亲子问题等），适当通过一对一形式进行疏导，从解决问题的角度予以真诚的帮助。

（3）活动结束时，采用文字点评或研学奖励的形式表达对个人成长的关注，一段手写的文字更有温度。

（4）养成每天记录备忘的习惯或者借助学生评价表进行记录，可以为研学留下一手资料便于调用，让导师的不断进步有迹可循。

以上是有关研学导师如何建立专业形象，以及研学实施中具体方法的相关阐述。然而，热爱教育的精神才是研学导师的最高法则。

　　教育是一项充满责任感和使命感的事业，只有真正热爱教育，才能够全身心地投入研学导师的工作中。毕竟，研学导师需要面对研学中不少复杂而繁琐的状况，同时研学又是一个快速发展和变化的领域，这就要求研学导师需要始终保持充沛的精力以及不断升级的学习动力。但同时，研学又充盈着探索未知的乐趣，真实发生的教学相长，以及翱翔万物的纯粹自由。相信，一位充满活力和进取心的研学导师，一定可以一步一脚印，体会其中的妙处，在研学之路上越走越远。

拒绝形式主义：研学效果评估方法的探讨

"可以在活动开始前一天让孩子熟悉下当天任务。"

"可以提前介绍一下背景知识。"

"沉浸式体验特别好，导师配备精锐，如果活动前能适当提议参与学生做准备功课，如查阅相关资料信息、观看相关纪录片、阅读相关书籍就更好了！"

以上是研学活动结束后所进行的研学效果调查，在"对于本次研究您还有哪些意见或建议"的开放题中，学员或家长所回答的共性建议。对于这类在调查问卷最后的开放性问题，我们往往最容易忽略。

虽然这是仅占回答人数百分之几的信息，却是我们项目升级的关键点。

一、评还是不评？

对于研学效果的评价意义及必要性，不需多言。研学成效研究，包括研究活动的目标设定和实现情况，探索研学对学生认知、能力、价值观等方面的影响，以及对学生未来发展的长期影响，一直是研学领域研究的重点。但在实际评估过程中，存在各种难点，影响了评估的准确性与应用性。

1. 主观性评估为主

实际操作上，由于系统的研学效果评估工作有一定的繁琐性、评估过程容易流于形式、评估意见采纳时效性不高等问题，研学活动的评估往往依赖于相对高效的主观观察和评价，即活动结束后参考老师、家长、个别学员的主观判断与意见，针对研学设计、过程与结果等进行讨论与意见反馈，我们也常常称这一过程为复盘，这样效率较高、意见真实，能够较快地收集意见并进行调整。弊端是不能反映总体的意见，评估结果可能受到评估者个人主观意见的影响，缺乏客观性和可比性。

2．评估指标体系复杂

目前研学效果评估体系不是没有，而是太多。多元化评价、360度评价、过程性评价、结果性评价……为了追求科学、严谨、全面，容易陷入为了评价而评价的境况。同时，由于研学时间有限，很难兼顾，最后草草了之。

3．评价长期效果难度较大

某个教育活动的长期效果评估一直以来都是难题，因为过程中的影响因素众多，且难以量化和测量。研学活动更是如此，研学往往属于提升综合素养的教育方式，无论是对素养结果还是影响因素指标的量化界定都有较高的难度，更何况是两者之间相关性的检验。此外，开展追踪调查与对照组研究，投入的人力及时间成本非常高，可行性较低。

4．研学活动的重视度低

尽管有积极的政策导向与规模巨大的群体，但不少学校及家长仍旧只是将研学作为学校教育可有可无的一环，当然这与目前市面上研学产品实施效果参差不齐所产生的负面效应有一定的关系。学校或家长对于研学效果、教育效能期望值低，也不会投入更多人力与精力在研学评估上。

综合以上，主观性评价可能受到评估者个人主观意见的影响，缺乏客观性和可比性；评估指标体系的复杂性让评估可行性与应用性降低；研学长期效果较难明确评估，以及学校或家长对于研学活动重视度低等，都直接影响了研学评估的有效实施。解决以上部分难题的做法，在于能否有一套明确、合理、易行的评估与反馈方法。

二、评什么？

研学旅行是指学生在课程外参与实地考察、实践活动等形式的学习活动。研学旅行通过将学生带出课堂，让学生以亲身体验和实践的方式完成学习。这就决定了相对于校内教学，研学旅行在外出学习过程中需要有更多维度的考量，包括安全性、活动性、针对性等等。因此除了研学成果，研学过程也理应成为研学效果评估的重点。

CIPP模型是一种常用的评估模型，又称为"决策导向评价模式"，由美国学者斯塔弗尔比姆（Stufflebeam D.L.）最早提出[1]。该模型将教育评价活动划分为背景评价（Context Evaluation）、投入评价（Input Evaluation）、过程评价（Process Evaluation）和成果评价（Product Evaluation）四个部分。

从 CIPP 模型的结构关系来看（如图1）[2]，处于核心地位的是"核心价值观"，即统领该教育评价的价值判断；围绕核心价值观的是四个重点评价对象，即目标、计划、行动和结果；根据评价对象，将评价体系具体划分为四类评价活动，即背景评价、投入评价、过程评价和结果评价。[3]

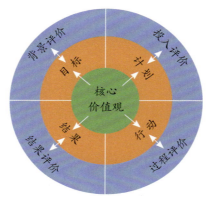

图1　CIPP评价模型的构成及其与评价对象的关联

CIPP模型整体评估模块与研学旅行作业流程相匹配，能够更好地涵盖研学旅行所涉及的重点。此外，在具体指标上，斯塔弗尔比姆指出，CIPP 模型提供的只是一个总体性的评价框架，其内部的观测点可以根据课程的实际情况进行调整。[3]因此，选择CIPP模型可着重研学旅行的教育特性，同时又可兼顾其活动及旅行特点。

通过CIPP模型，我们将其放到研学场景中解读其四大评价方向：背景评价主要关注研学旅行的背景和环境，包括学校的教育理念、教师的教学能力、学生的学习需求等。投入评价主要关注研学旅行的设计和准备工作，包括教学资源的选择、活动的安排、教师的培训等。过程评价主要关注研学旅行的实施过程，包括教学活动的开展、学生的参与情况、教师的指导方式等。结果评价主要关注研学旅行的效果和成果，包括学生的研学任务成果、学习态度、综合素质提升等。

在约翰·哈蒂（John Hattie）和雪莉·克拉克（Shirley Clarke）所著的《可见的学习：反馈的力量》中提到，学习反馈的三个层面：第一层是表层信息，与任务有关，即通过反馈明确地告诉学生他们做对了还是做错了，这些反馈的作用是促进知识的习得、储存与应用；第二层反馈主要针对创造产品或完成任务所涉及的过程，这些反馈相对第一层更能促进深层学习；第三层反馈指向使学生成为有评价能力的学习者，知道目标是什么，知道如何做以及选择正确的学习策略。[4]

以CIPP模型为基础，结合上文所提学习反馈的三个层面，以及研学操作实际，我们形成以下以学员为视角的研学效果评估的基本框架。

（1）**过程性评价：**可以帮助教育者了解研学旅行的实施情况。通过观察教学活动的开展、学生的参与情况、教师的指导方式等方面，评估研学旅行的效果。这一过程性的评价一方面可以指向学生的学习表现的反馈；另一方面，也可指向活动设置、教师授课方面的反馈。

（2）**结果性评价：**成果评价主要关注研学旅行的效果和成果，包括学生的研学任务完成、知识获得、学习态度形成、综合素质养成等。这一评价同样适用于研学效果评价与学生学习效果反馈两个方面。

（3）**建议性评价：**相对开放性评价，包括研学活动的组织、形式、内容、服务等各方面，以获取更多建议。

（4）**教师研学管理评价：**主要指研学导师在授课与学生管理方面的评价。但由于评价人以学生为主，可评价的指标有限。因此除以上评价外，教育部门、学校或机构对于教师在职业素养、专业度、教学目标达成等各方面的评估也同样不可或缺。评估本身，在促进研学导师成长的同时，对于现场的执行也能起到较强的指导作用。此部分评价可包括整体能力评价，例如教师在管理学生、促进研学、职业素养、研学能力、合作意识、计划组织、反思总结等方面的能力表现；也可以以类似SOP（Standard Operating Procedure，标准作业程序）的方式，评价研学导师在研学全流程的具体表现。本文重点说明学员视角的研学评价，教师视角的自评或上级评价暂不展开叙述。

另外，CIPP模型所涉及的背景与投入评价往往在事前，由学校或组织机构共同完成，进而形成研究的具体方案及教案。本文所论述的研学评估更注重研学开始后的过程与结果评价，而在过程与结果评价过程中，也能反馈前期目标设定与教学计划合理性的相关问题。

三、怎么评？

通过大量研学活动实践评估的经验与结果，从研学活动评估的可操作性与实效性出发，结合一般社会调查方法，我们建议可以采用如下的评估框架。

（一）过程性评价

过程性评价的方式以现场观察结合问卷调查进行。现场观察主要针对表现性评价而言，关注学生在完成任务的过程中相应的表现，这一方面更多以教师视角观察学生来实现。此外，问卷调查主要围绕研学环境、研学课程设计、导师表现等方面，这一方面，更多以学生或低年段学生家长视角的评价为主。

1．学生表现的观察

作为授课导师或助教，可通过课堂观察及记录（可现场也可事后），描述学生过程性表现，例如任务反馈、身体语言、表情、精神状态等。

过程性评价除了观察与记录，现场反馈也非常重要。围绕课程目标与流程，在课堂中间节点，以口头方式反馈评价；也可通过讨论形式，针对引导学员共同开展正面评论或建设性评论，以促进互评与共同成长。这种方式，也是将评价融入教学当中，让评价成为教学的重要一部分。例如：

"你们小组可以较好地将事件串联起来，并以互动的方式表现出来。"

"你们在过程中认真讨论，每一个人都积极地贡献自己的想法。"

"你们在这一过程中，加入自己对事件的理解，结合了课堂所学的知识。"

2．课堂的观察

主要指观察学生在其中的参与、反馈，以此判断研学设计与授课方式的合理性、趣味性与启发性。重点主要在于：

（1）观察学生对于**任务的理解与接受程度，以判断任务的难易适配性**。如果学生一开始无从下手，过程畏难情绪较高，任务完成度不高，那就有可能存在设计难度大大高于学生当前能力的情况；反之亦然。

（2）**学生在过程中的投入度**。研学的关键之一就是要能够激发学生的探索兴趣。这是探究能够继续，学生得以拓展知识边界、发展自我的重要出发点。如果达不到这样的出发点，那就需要重新审视课程的设计，包括导入、情境设计、活动设定等环节。

（3）**学生认知拓展、能力发展的可能性**。学生能否温故知新，能否学到新技能，能否有所感悟，都可通过观察形成主观判断。与校内课不同，研学中的课程大多数是独立存在的，并不是在固定知识框架中的某个单元。因此研学课程重点不在于知识点的系统灌输，而在于综合素养的培养提升。如果课程启发性、延展性不足，那就需要考虑在驱动问题的设定、活动的设计、引导的层次上优化调整。

3. 过程满意度评价

过程性评价的另一个角度，是影响学生表现性评价的外部要素，如环境、课程、导师、管理等学生可感知的因素。评价指标可分类如表1：

表1　过程性评价指标参考

研学环境	现场研学秩序良好
	有积极的研学氛围
	场馆环境适合研学
研学课程设计	讲解精彩
	研学中的体验丰富
	学习资料、研学物料有针对性
导师表现	导师认真负责
	导师能有效引导学生
	导师及时在学员群反馈现场情况
研学管理	研学各环节衔接流畅

进行满意度评价，可以有单因素评价与共同评价两种模式。单因素评价采用逐一询问评分的方式，如针对"学习效果"询问满意分值，优点在于测量准确性高，可做高级统计分析，但缺点在于回答效率低，针对研学评估问卷一般在5分钟左右完成的情况，较难实现；而共同评价，则是用多选、限选的方式统一询问满意的方面，尽管准确性不如单因素评价高，但信息获取效率高。建议在实际评价时，可将两种方式综合运用，关键性指标采用单因素测量的方法，全部指标采用共同评价方法。

图2为广东革命历史博物馆"穿越1927广州起义"的重点过程性指标满意度评价，通过五分制、七分制或十分制进行满意度的评估（不同分制的区分在此不做赘述，总而言之分值越细，评估越精确，但相对在理解和解读上就越复杂）。图中为五分制的评估结果，最后截取"非常满意（5分）+比较满意（4分）"总比例作为满意度比例。通过满意度调查结果来看，从行前通知、导师讲解、活动形式、学习效果、整体满意度方面来看，都是接近100%好评。当各维度有一定分值差异时，

也可以进一步用相关分析，解读整体满意度与各分项满意度的关系，通过相关系数判定各变量贡献大小关系。

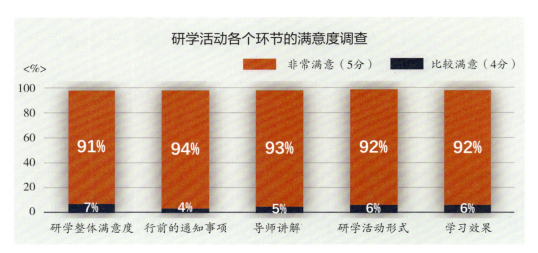

图2　研学活动各个环节的满意度评价（五分制评分）

N=449（2022年参与广东革命历史博物馆"穿越1927广州起义"研学的学员）

再来看共同评价的方法，以广东革命历史博物馆"追随革命足迹"研学评价为例（如图3），最突出评价在于导师能有效引导学生，85%家长和学生认同这一方面；其次80%的家长和学生认为导师认真负责；76%的家长和学生认为，有积极的研学氛围。可见研学活动的整体满意度来自导师与研学氛围的营造。同时，总体认同比例低于40%的指标，则值得我们关注与调整。

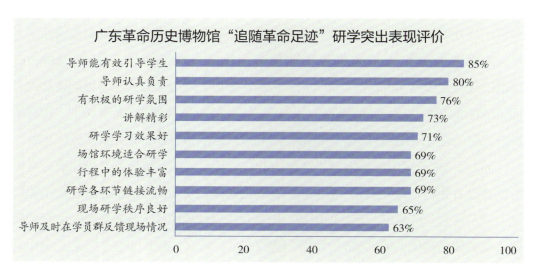

图3　"追随革命足迹"研学活动中的突出表现评价（多选）

N=110（参与2024年广东革命历史博物馆"追随革命足迹"研学的学员）

我们再来看广州博物馆"营建镇海楼"研学（如图4），超过90%的家长提及研学最为突出的是教学形式有特色，87%的家长认为本课程的教育道具与课程的匹配度高。在本次"营建镇海楼"课程中，采用了文化课、测绘课加模型构建课的课程形式，让学生在了解岭南古建筑的特点及广州城历史的同时，以情境式、多元化的方式解读镇海楼；同时采用了如测距仪等的测绘工具（如图5），让学生完成镇海楼的真实勘测。导师的授课以及专业背景也是本次课程的亮点。

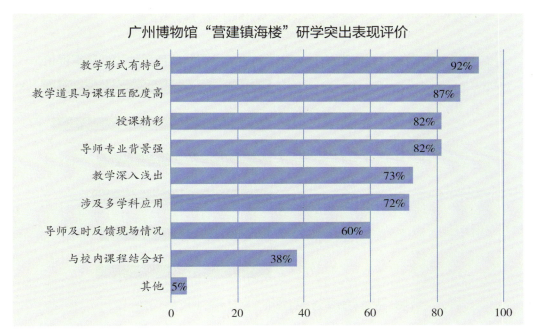

图4 "营建镇海楼"研学活动中的突出表现评价（多选）

N=92（参与2023年广州博物馆"营建镇海楼"研学的学员）

图5 "营建镇海楼"教具

（二）结果性评价

"结果性评价"能够对于研学目标进行对照审视，可以说是研学效果评价的决定性部分。评价可通过定量问卷调查结合学生研学成果进行综合评估。问卷调查评价方向可包括知识获得评价、能力与价值观提升评价。研学成果可作为定性化评价与定量问卷调查互为参照，研学成果包括研学手册、研学作品、口头展示等等。

1．知识获得评价

除了关于学习效果的整体评价，我们可以针对学习具体效果做进一步的评估。首先是知识获得评价，知识获得是研学过程中贯穿始终、不可或缺的部分，也是研学收获的基础部分（如图6、7）。评价内容可根据研学内容目标进行设定。通过评价，可有效检索主题内容的掌握情况，以及知识拓展的有效范围。

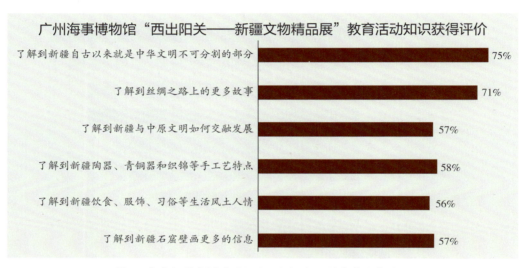

图6　在参与教育活动过程中，知识方面的收获（多选）

N=50（参与2023年广州海事博物馆"西出阳关——新疆文物精品展"教育活动的学员）

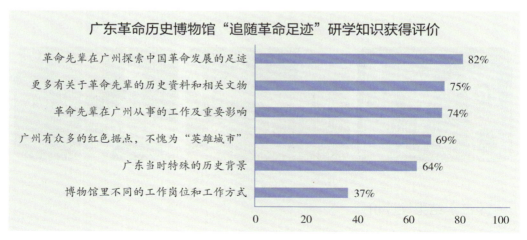

图7　在参与研学过程中，知识方面的收获（多选）

N=110（参与2024年广东革命历史博物馆"追随革命足迹"研学的学员）

2．能力与价值观提升评价

能力与价值观的指向可以根据具体研学项目情况进行设定，可以参照学生综合素养的具体指标。当然，这些类型的指标往往都需要一个长期积累与培养的过程，并非一次研学就能完全达成。通过调查所获取的信息，更多是提供参考，哪些方面的能力、情感态度与研学活动的关联性更强，而哪些方面关联性较弱。教育是一个细水长流的过程，一次一次地积累，千锤百炼，方能实现铸魂育人的目标。

继续用"追随革命足迹"研学举例（如图8），在学习方法上，85%的家长和学生认识到学员掌握更多了解历史的方法；在价值观上，82%的家长和学生觉得通过研学学会感恩先辈；此外，在综合能力素养上，学生的沟通表达能力、团队协作能力、问题解决能力也有所提高。

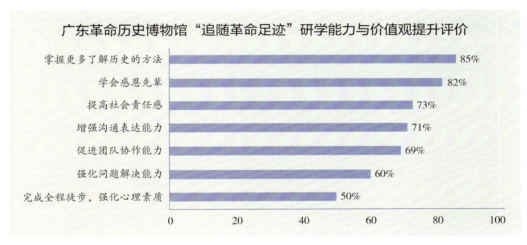

图8　参与本次研学后，可以得到的提升方面（多选）

N=110（参与2024年广东革命历史博物馆"追随革命足迹"研学的学员）

（三）建议性评价

过程性评价与结果性评价是在我们既定评估体系内的量化评价，可以给到我们具体明确的效果反馈。此外，还有一类半开放或全开放的评价，例如调查问卷最后一题询问意见的开放题、家长或学员在活动群或现场表达的想法，这类开放性评价，因为回答具体意见的人数较少，方向不一，难以从量化代表性角度进行统计分析，我们往往容易忽略。但其中所提供的价值却不容小觑，往往这极少一部分人的意见，是经过深度参与与思考后的反馈，也是项目未来提升的关键。

对于这类开放性意见，有以下几种整理建议：

（1）**方向分析：** 根据内容归结到几个方向，例如研学导师、活动设置、研学环境、研学物料等几个模块进行整理。

（2）**关键词分析：** 提取信息的关键词，依据关键词进行归类与判断比重，例如增加互动、增加趣味性、控制时长等。

（3）**普遍分析：** 初步筛选后，通过团队复盘会逐一分析。

（4）**使用质化分析软件整理信息。**

我们以广州博物馆"营建镇海楼"课程的开放式建议为例（如表2），就可以感受到其中有着不少课程升级、完善、系列化的机会。

表2　广州博物馆"营建镇海楼"课程开放式建议

关键词	具体建议
展示机会	可以让孩子更多互动讲解展示，鼓励每个孩子都发言
自由时间	可以留更多时间自由发挥，培养动手能力；自由活动时间多点
建筑比对	建议做一些著名建筑的对比，让孩子们对比和思考，发散思维
内容细化	测绘实操可以再细化讲解
亲子课堂	可考虑加设亲子课堂，让家长与孩子共同参与，亲子齐动手，巩固课堂学习效果
年段细分	测量的时候可以根据孩子年龄层分组，对应每个年龄层不同任务，最后的搭建同样可以按照年龄层有不一样难度的搭建工作
课程时长	时间稍微有点短，如果可以有几天的课程能更深入地学习就更好了

以上，我们从过程性评价、结果性评价、建议性评价的角度分析了评估的指标与具体方法。那么，在实际的研学活动中，该在什么时机开展评估呢？

从具有可操作性与实效性的教学评估方式出发，建议可以结合即时评估与事后评估两种方式开展。

即时评估， 教师现场进行观察与记录，研学结束后立即进行项目复盘，由此可在较短时间内获取主观评估意见，进行项目反思总结、完善提升。

事后评估， 即通过填答时间不超过5分钟的学员评价问卷，了解学员过程性评价、结果性评价与建议性评价，由此可更全面地对项目进行总结。同时，也可开展纵向与横向评估：对于多期项目可评估累积效果，并通过进行连续期数纵向对比，了解不同期数的执行效果、分析原因与改进方向；对于不同的研学项目，可进行横向对比，提炼出不同项目可参考的优劣势，让研学效果评估真正成为研学总结与提升的利器。

－ 注释 －

［1］Stufflebeam D. L.*The Relevance of the CIPP Evaluation Model for Educational Accountability* ［J］. Journal of Research and Development in Education，1971：30.

［2］Stufflebeam D. L. *The CIPP Model for Evaluation*，in：*Stufflebeam D L，Madaus G F，Kellaghan T.（Eds）Evaluation Models：Evaluation in Education and Human Services*［M］. Berlin：Springer，2000：33.

［3］毛齐明，周嘉腾. 基于CIPP模型的中小学研学旅行评价指标体系建构研究［J］. 教学与管理. 2023（36）：104−108.

［4］约翰·哈蒂（John Hattie），雪莉·克拉克（Shirley Clarke）. 可见的学习：反馈的力量［M］. 伍绍杨，译. 彭正梅，校译. 北京：教育科学出版社，2023：81−84.

后 记

　　走在古驿道的乡间小路上，微风拂面，携带着野草和野花的清新香气；目光所及，蝴蝶在花丛中翩跹起舞；耳边响起博物馆同仁和当地居民讲述的古道传说……2017年，在广东省博物馆举办的"南北通融——南粤古驿道"展览期间，我们组织了首次"驿路同游"研学活动。这些与古驿道紧密相连的文化遗迹、人文故事以及大自然的壮丽景色和勃勃生机，激发了我们对古驿道探索的无限热情。

　　自那以后，我们踏上了更多的古道旅程。在潮汕，我们回望"蕃客"乘坐红头船"下南洋"的过往，深刻体验地道的潮汕文化；在大湾区，我们感受到了华侨精神与时代的发展；在韶关，我们感叹丹霞山的壮丽和翻越大庾岭的艰辛……开发的13条研学线路，覆盖了全省十五个市县及港澳地区，涵盖了历史、地理、自然、科学、建筑、语言、民俗、工业、考古等多个领域，覆盖了100多个文化遗产单位，堪称知识的"宝藏"。这每一条路线，都经过前期的课程准备、实地调研、反馈修改，并在实践中不断优化。学生、教师和家长与我们一同踏上古道，用眼睛观察、用耳朵聆听、用心去感受，不仅深入了解了岭南文化的深厚，还构建了对文博、历史、自然等学科的认识体系，培养了多维思考与解决问题的能力，并在过程中缔结了友谊。

　　我想，博物馆的社会角色并非仅限于抢救被遗忘的物件，而是从不断累积的文化体验中构建意义。博物馆视野不再局限于藏品及存放的建筑之上，南粤古驿道沿线丰富的历史古迹资源、非物质文化遗产、自然资源以及科技创新资源为公众提供了更广阔的教育空间与更高质量的教育平台。

　　回顾"驿路同游"南粤古驿道研学实践课程的诞生，记忆犹新：我们首先为教师团队推出了"在地教育设计师"和"驿路同游：博物馆综合实践课设计"等为期4—5天的培训课程，邀请教师作为合作伙伴参与策划；随后与广州市第十六中学合作，针对学生群体开展实践检验，不断反馈和修订教案，使之成为该校首选的社会实践课程。实践证明，我们的探索是富有成效的。在过去七年中，我们与更多学校建立了合作，构建了"遗产解读的新框架"，通过挖掘广东古驿道丰富的不可移动资源和深刻的历史文化内涵，激发学生的主动性和创造性，引导学生以项目式学习模式进行自主学习和知识构建。

转眼间，七年过去了，"驿路同游"研学项目荣获了国家和省级的多项荣誉。本书集中反思了博物馆研学教学的理念与方法，总结了我们的经验和教训。希望这本书能为博物馆同行和教育工作者提供宝贵的参考和启示。

在此，我要特别感谢广东省文物局领导的鼓励，感谢广东省内文博同行的支持与合作，感谢复旦大学周婧景副教授的宝贵意见与建议，感谢广州橘叶游学荟刘洁团队多年来的不懈努力与坚持。

我们自知在视野和能力上仍有不足之处，真诚地希望得到各方的批评和指导。

王　芳

2024年7月28日